Para

com votos de paz

ESPÍRITO E VIDA

DIVALDO FRANCO
JOANNA DE ÂNGELIS
(Espírito)

ESPÍRITO
E
VIDA

SALVADOR
Edição comemorativa – 2016

© (1966) Centro Espírita Caminho da Redenção – Salvador, BA.
Edição comemorativa de 50 anos – 2016
2.000 exemplares

Revisão: Prof. Luciano de Castilho Urpia
         Lívia Maria Costa Sousa
         Adriano Ferreira
Editoração eletrônica: Eduardo Lopez
Capa: Cláudio Urpia
Coordenação editorial: Prof. Luciano de Castilho Urpia
Produção gráfica:
    LIVRARIA ESPÍRITA ALVORADA EDITORA
    Telefone: (71) 3409-8312/13 – Salvador – BA
    E-mail: <leal@mansaodocaminho.com.br>
    Homepage: www.mansaodocaminho.com.br

Dados Internacionais de Catalogação na Publicação (CIP)
(Catalogação na Fonte)
BIBLIOTECA JOANNA DE ÂNGELIS

F825	FRANCO, Divaldo. *Espírito e Vida* / Pelo Espírito Joanna de Ângelis [psicografado por] Divaldo Pereira Franco. Salvador: LEAL, 2016. (Edição comemorativa de 50 anos) p. 208 ISBN: 978-85-8266-145-1 1. Espiritismo 2. Psicografia I. Título II. Franco, Divaldo CDD: 133.93

DIREITOS RESERVADOS: todos os direitos de reprodução, cópia, comunicação ao público e exploração econômica desta obra estão reservados, única e exclusivamente, para o Centro Espírita Caminho da Redenção. Proibida a sua reprodução parcial ou total, por qualquer forma, meio ou processo, sem a expressa autorização, nos termos da Lei 9.610/98.

Impresso no Brasil
Presita en Brazilo

SUMÁRIO

	Espírito e vida	11
1	Diretriz espírita	15
2	Deslizes ocultos	19
3	Nas dores e rudes provações	23
4	Não só justiça	25
5	Revolta	27
6	Mentores e tarefas	29
7	Armadura de segurança	33
8	Preguiça	37
9	Serve e confia	41
10	Autodoação	43
11	Obsidiados	45
12	Medicamento eficaz	49
13	Com dignidade	53
14	Compromisso significativo	57
15	Glórias e mediunidade	61

16	Na seara mediúnica	63
17	Obsessores	65
18	Sinceridade	69
19	Recolherás como pedires	71
20	Conversações doentias	73
21	Exame	75
22	Pensa antes	77
23	Tesouros de amor	79
24	Jesus e o mundo	83
25	Espiritismo no lar	87
26	Revelação e reencarnação	91
27	Em agonia	95
28	Desânimo	97
29	Mensagem de esperança	101
30	Paradoxos	105
31	Afirmação	109
32	Considerando A Parábola do Bom Samaritano	111
33	Palavras e palavras	113
34	Descuidos	115
35	Orar sem cessar	119
36	Momento espírita	123
37	Considerando o sofrimento e a aflição	127
38	Planejamento	129
39	Falando ao trabalhador	131

40	Fraternidade	133
41	Festival de amor	137
42	Linguagem do perdão	141
43	Facilidade nas tarefas	143
44	Fielmente	147
45	Dinamismo para a paz	151
46	Negociações com desencarnados	155
47	O mundo e tu	157
48	Ante a seara espírita	161
49	Fé e conduta	163
50	Luta e libertação	167
51	Em paz	169
52	Aparelhado	173
53	Ambições	177
54	Exultante	181
55	No rumo da luz	185
56	Otimismo	189
57	Ante o sexo e o amor	193
58	Melancolia	197
59	Impressões de otimismo	199
60	Ante o Natal	203

ESPÍRITO E VIDA

Ainda hoje, no turbilhão da vida moderna, o Evangelho de Jesus é lição incomparável, veiculando em cada *fasto*(*) o espírito da vida para a atormentada mente humana.

No momento mesmo em que parapsicólogos respeitáveis teimam por negar a realidade *insofismável* do Espírito imortal, tentando reduzi-lo a uma "força exteriorizada pelo cérebro" e não por ele manifestada, confundindo, por preconceito científico, a causa com o efeito ou este com aquela, a palavra do Cristo, atualizada por Allan Kardec na gigantesca *epopeia* do Pentateuco,[1] tem caráter de urgência.

Até o instante da Codificação Espírita, embora os esforços titânicos de Erasmo e Lutero, tanto quanto de outros veneráveis cristãos, a mensagem evangélica esteve confundida na "letra que mata" e no dogmatismo ultramontano, sem conseguir atingir os altos objetivos a que se destinava, no inquieto panorama sociomoral da Humanidade.

Com a Doutrina Espírita, expressões *nebulosas*, revelações absurdas, fenômenos ditos milagrosos e ensinamentos que se demoravam na clausura do fantástico adquiriram coerência graças às luzes da razão, que fulgem, desde então, *clarificantes* e consoladoras.

Espírito e vida.

Vida do Espírito.

Espírito da vida.

Na mensagem evangélica examinada em espírito, *ressumbra* a vida da lição atualizada e oportuna.

FASTO
Registros públicos de acontecimentos ou obras notáveis; anais.

INSOFISMÁVEL
Indiscutível, irrefutável, incontestável.

EPOPEIA
Sucessão de eventos extraordinários, ações gloriosas, retumbantes, capazes de provocar a admiração, a surpresa, a maravilha, a grandiosidade da epopeia.

NEBULOSO
(Mtf.) De aparência triste; sombrio.

CLARIFICANTE
Que clarifica, que torna claro, límpido.

RESSUMBRAR
Manifestar(-se) de maneira evidente; revelar-se.

---

1. Pentateuco Kardequiano: *O Livro dos Espíritos, O Livro dos Médiuns, O Evangelho segundo o Espiritismo, O Céu e o Inferno* e *A Gênese* (nota da autora espiritual).

(*) O glossário desta obra adota como referências principais os dicionários Houaiss, Aulete Caldas e Aurélio, além do dicionário de termos específicos "Espiritismo de A a Z" da FEB (nota da Editora).

Com os instrumentos do bom senso e da lógica adquiridos nos conceitos espiritistas, a vida do Espírito se confirma em toda a sua pujança, enquanto a Doutrina mesma desata o espírito da vida para os que jazem amortalhados no preconceito ou na ignorância desta ou daquela modalidade.

O modesto trabalho que hoje apresentamos, sem pretensão de espécie alguma, foi elaborado paulatinamente e algumas das suas páginas, agora refundidas e reestruturadas, já apareceram, ao seu tempo, em letra de forma, na imprensa espírita, atendendo às diretrizes para as quais foram escritas: consolar e esclarecer.

*Utilizamo-nos de preciosos parágrafos da Codificação Kardequiana para os estudos do presente trabalho. Estas páginas, agora enfeixadas em livro, destinam-se a oferecer lenitivo a muitas dores, consolo a diversas aflições e sugestões fraternas, à luz do Evangelho e do Espiritismo, a quem se encontra ante as encruzilhadas que, muitas vezes, surpreendem a todos nós, em face das atitudes que devemos ou não tomar.*²

Não guardamos no íntimo a fantasia de conseguir qualquer posição literária, e não acarinhamos outro desejo senão aquele de apresentar os resultados da própria experiência, haurida diversas vezes com lágrimas acerbas, na carne e fora dela...

E assim procedemos estimulada como estamos pela identificação da ânsia de Deus, que freme em cérebros e corações atormentados, em todas as esferas da vida atual.

Não faz muito tempo e o filósofo inglês Thomas Hardy, exclamou, aflito: "O homem moderno perdeu o endereço de Deus"... Alguns anos depois, o físico alemão Albert Einstein, algo desanimado,

---

PUJANÇA
Grande força; vigor, robustez.

JAZER
Situar-se, encontrar-se; (fig.) permanecer, persistir, continuar.

AMORTALHADO
Envolto em mortalha ou em algo semelhante à mortalha.

PAULATINO
Realizado em etapas; feito devagar.

ENFEIXAR
Ajuntar, reunir.

LENITIVO
(Fig.) Que ou o que traz conforto, alívio; consolação.

ACARINHAR
(Fig.) Dar alento a; alentar, nutrir, alimentar.

HAURIR
Extrair, colher.

ACERBO
Que causa angústia, que é difícil de suportar; atroz, cruel, terrível.

FREMIR
Agitar-se interiormente; vibrar, tremer.

---

2. Usamos para cada obra consultada as suas letras iniciais. Por exemplo: *O Livro dos Espíritos* – L. E.; *O Livro dos Médiuns* – L. M. etc., com os respectivos capítulos e itens dos quais extraímos o ensino.
As obras consultadas foram editadas pela FEB, respectivamente: L. E. 29ª edição; L. M. 28ª edição; E. 52ª edição; C. I. 19.ª edição; G. 14.ª edição (notas da autora espiritual).

escreveu: "Vivemos num Universo em expansão. Toda conquista, no entanto, tem levado o homem quase sempre à *dissolução*..."

Nosso despretensioso trabalho não pretende apresentar um novo "endereço de Deus", antes, pelo contrário, afirmar aquela direção *multimilenária*: "Fazer a outrem o que se deseja que outrem lhe faça", equivalente ao amor com que sempre e incessantemente Jesus nos tem amado.

Não conservamos a *presunção* de *estancar*, com estas páginas, o caudal da "dissolução", dos costumes em voga, mas sim mantemos a esperança de estimular os Espíritos valorosos que, em luta *renhida* contra as manifestações inferiores, esforçam-se para prosseguir *intimoratos* pela senda do bem, por sabermos que o bem é bom para quem o pratica, como a verdade é luz para quem a conduz, iluminando primeiro aquele que com ela se identifica.

Enquanto as indústrias da guerra derramam o *morticínio* em massa e "a psicose da ansiedade", desse estado resultante, destrói em escala igual à do câncer, Jesus, hoje como ontem, acalma, harmoniza, pacifica.

Seu Evangelho é rota, Seus exemplos são sustentação e diretriz.

Atraídos por Sua voz à seara da vida, trabalhadores que nos candidatamos "à última hora", ao serviço na Vinha do Amor, rumemos confiantes, renovando-nos interiormente, exemplificando, em Espírito e vida, a excelência da revelação que chega "à hora predita", e aceitemos os instrumentos para arrebentar as cruéis algemas do "eu" a que nos encontramos milenarmente atados.

Agradecendo ao Senhor os *júbilos* do dever cumprido como serva que "dá conta da sua administração", trabalhadora imperfeita que reconhecemos ser, suplicamos suas dadivosas bênçãos para todos nós que necessitamos do Seu *inefável* amor.

JOANNA DE ÂNGELIS

(Página psicografada pelo médium Divaldo P. Franco, na sessão da noite de 02 de julho de 1966, no Centro Espírita Caminho da Redenção, em Salvador, Bahia.)

DISSOLUÇÃO
Ato ou efeito de dissolver(-se).

MULTIMILENÁRIO
(M.q.) Multimilenar; referente a muitos milhares de anos, a vários milênios.

PRESUNÇÃO
Confiança excessiva em si mesmo; pretensão.

ESTANCAR
Exaurir, esgotar.

RENHIDO
Disputado com ardor; debatido demoradamente; porfiado.

INTIMORATO
Não timorato, que não sente temor; destemido, valente.

MORTICÍNIO
Massacre de homens e/ou animais em grande número; matança, chacina.

JÚBILO
Alegria extrema, grande contentamento; jubilação, regozijo.

INEFÁVEL
Que não se pode nomear ou descrever em razão de sua natureza, força, beleza; indizível, indescritível.

DIRETRIZ ESPÍRITA   1

"Com a perseverança é que chegarás a colher os frutos de teus trabalhos. O prazer que experimentarás, vendo a Doutrina propagar-se e bem compreendida, será uma recompensa, cujo valor integral conhecerás, talvez mais no futuro do que no presente. Não te inquietes, pois, com os espinhos e as pedras que os incrédulos ou os maus acumularão no teu caminho. Conserva a confiança: com ela chegarás ao fim e merecerás ser sempre ajudado."

L.E. – Prolegômenos.

Muitas são as direções que podes tomar, imprimindo novo curso à vida.

Estradas se multiplicam atraentes, dificultando-te a opção.

Aparentemente conduzem aos redutos onde a felicidade se acolhe festiva.

Vês passarem as multidões dos que seguem os diferentes rumos...

Há em verdade *rotas* e rotas. Umas conduzem à morte, raras conduzem à vida.

Estás na diretriz espírita e pareces seguir a medo, imaginando...

Nem festas, nem fantasias encontras.

A realidade se desvela, apresentando-se legítima.

Vês a dor arrancando a máscara de ilusão das faces envilecidas pelo cansaço, pelo despudor.

Por onde segues, enxergas aflições que passam ignoradas por outros, sombreando mais ainda semblantes já sombrios.

Identificas enfermidades minando organizações físicas e mentais que se gastam na perversão dos costumes entre esgares e angústias.

Pode parecer-te que no roteiro escolhido somente estão os trôpegos e estropiados, os enfermos e mendigos sob lancinante opressão.

REDUTO
Obra fortificada no interior de outra, ponto de concentração.

ENVILECIDO
Tornado vil, desprezível; aviltado, desonrado, deslustrado, humilhado.

SOMBREAR
Cobrir(-se) de sombra; assombrar(-se), assombrear(-se).

MINAR
(Fig.) Prejudicar ocultamente, insidiosamente; solapar.

ESGAR
Careta intencional, expressando desprezo e escárnio.

TRÔPEGO
Que anda com dificuldade, que mal consegue mover os membros ou locomover-se; tropo.

ESTROPIADO
Muito cansado; fatigado.

As outras vias se te afiguram formosas, e os que por ali avançam demonstram louçania.

Não te enganes, porém.

A ferida purulenta que todos enxergam é irmã menor do câncer ignorado a adentrar-se pelo organismo, em metástase irreversível.

A miséria vestida de andrajos é companheira dos malogros morais escondidos em linho e adamascados custosos.

O festival do prazer termina, invariavelmente, em prólogo de desgraça.

A direção por onde seguem os fáceis conduz à praça sem-nome do remorso tardio.

Numa das suas últimas publicações, Darwin registrou que, certa vez, embora enfermo e gasto, conseguiu contar ao microscópio mais de vinte mil sementes de determinada planta.

Fresnel, sem dar trégua ao cansaço nem ao abatimento, identificou as "ondas luminosas como vibrações transversais do éter".

Boas, depois de ingentes esforços, conseguiu provar que a "raça branca" é de todas a mais mesclada e em nada é superior às demais, ensejando bases para melhor confraternização entre os homens.

Todos os construtores do pensamento e das ideias que possibilitaram novas conquistas através dos tempos, vergaram, infatigáveis, ao peso de mil aflições silenciosas, vivendo sob rudes ansiedades, seguindo, no entanto, a direção da verdade que se empenhavam por descobrir.

Não estacionaram ante os fracassos aparentes.

Não desanimaram ao defrontar aspérrimas lutas.

Muitos venderam tudo quanto possuíam para não parar; outros perderam tudo para não desistir; diversos ofereceram até a saúde para não interromper os labores; e um número sem conta doou a própria vida, vítimas que foram dos próprios inventos, mas principalmente da ignorância em várias manifestações, para

---

LOUÇANIA
(Fig.) Aspecto viçoso, luzidio; garridice, elegância.

PURULENTO
Em que há pus ou cheio de pus; infeccionado.

METÁSTASE
Migração por via sanguínea ou linfática de produtos patológicos (vírus, bactérias, parasitas e esp. células cancerosas) provenientes de uma lesão inicial.

ANDRAJO
Vestes sujas e/ou rasgadas.

MALOGRO
Falta de sucesso; resultado ruim; insucesso, fracasso.

ADAMASCADO
Tecido de seda ornado, em alto-relevo, com fios para cetim ou tafetá, originário da cidade de Damasco (Síria).

PRÓLOGO
(Fig.) Qualquer ato, evento, etc. introdutório.

INGENTE
Muito grande, enorme, desmedido.

VERGAR
Tornar(-se) curvo; arquear, dobrar, envergar.

INFATIGÁVEL
Que denota zelo, persistência; desvelado, diligente, extremoso.

ASPÉRRIMO
Muito áspero.

não abandonarem a honra de investigar os melhores meios de resolver os problemas do homem e do Universo para a felicidade do próprio homem.

Prossegue na direção espírita.

Há pranto em volta de ti e choras também. Enxuga, no entanto, as lágrimas alheias e as próprias lágrimas usando o conhecimento espírita.

A lição espírita ensina o *porquê* da aflição e o *como* sofrê-la, oferecendo a luz do discernimento para agires com acerto e seguires com determinação.

Na diretriz espírita, aprendes "que o egoísmo, o orgulho, a sensualidade são paixões que nos aproximam da natureza animal, prendendo-nos à matéria; que o homem que, já neste mundo, se desliga da matéria, desprezando as futilidades mundanas e amando o próximo, se avizinha da natureza espiritual; que cada um deve tornar-se útil de acordo com as faculdades e os meios que Deus lhe pôs nas mãos para experimentá-lo; que o *forte* e o *poderoso* devem amparo e proteção ao *fraco*, porquanto transgride a Lei de Deus aquele que abusa da força e do poder para oprimir o seu semelhante. Ensinam, finalmente, que, no Mundo dos espíritos, nada podendo estar oculto, o hipócrita será desmascarado, e patenteadas todas as suas torpezas; que a presença inevitável, e de todos os instantes, daqueles para com quem houvemos procedido mal constitui um dos castigos que nos estão reservados; que aos estados de inferioridade e superioridade dos Espíritos correspondem penas e gozos desconhecidos na Terra.

"Mas ensinam também (os Espíritos) não haver faltas irremissíveis, que a expiação não possa apagar. Meio de consegui-lo encontra o homem nas diferentes existências que lhe permitem avançar, conformemente aos seus desejos e esforços, na senda do progresso, para a perfeição, que é o seu destino final", conforme definiu Allan Kardec sabiamente no seu resumo da Doutrina Espírita.[2]

PRANTO
Choro; ato de lastimar-se; queixa, lamentação.

TRANSGREDIR
Não cumprir, não observar (ordem, lei, regulamento etc.); infringir, violar.

PATENTEADO
Que se tornou patente, claro; comprovado.

TORPEZA
Qualidade, condição ou ato que revela indignidade, infâmia, baixeza.

IRREMISSÍVEL
Que não se pode remitir, que não merece perdão, imperdoável.

EXPIAÇÃO
(Esp.) "A expiação consiste nos sofrimentos físicos e morais que lhe são consequentes, seja na vida atual, seja na vida espiritual após a morte, ou ainda em nova existência corporal." (Kardec. O Céu e o Inferno, 2002)

Avança, portanto, pautando a conduta na firmeza dos postulados abraçados, e se o caminho parecer áspero, de difícil acesso, recorda Jesus na direção do bem inominado, sofrendo todas as ingentes manifestações da ignorância e da impiedade humanas sem desistir nem desanimar, para oferecer à posteridade o código de Amor e Justiça inserto no Evangelho como meio de harmonia perfeita para o Espírito em evolução, e que hoje reaparece ao teu entendimento na diretriz espírita por onde receias seguir...

---

2. *O Livro dos Espíritos* – Introdução – 29ª edição – FEB (nota da autora espiritual).

DESLIZES OCULTOS 2

"167. Qual o fim objetivado com a reencarnação?
"Expiação, melhoramento progressivo da Humanidade. Sem isto, onde a justiça?"
L.E.

Punge-te o coração o sofrimento do hanseniano lacerado, com amputações, carpindo rude expiação.

Aflige-te o Espírito o obsesso emparedado nos corredores escuros do desalinho psíquico.

Angustia-te a sensibilidade o canceroso com prazo marcado na contingência carnal...

Faz-te sofrer o cerceamento social imposto ao delinquente, que se comprometeu por infelicidade momentânea, arruinando outrem e a si mesmo infelicitando.

Constrange-te a visão do deformado físico, teratogênico ou vítima *circunstancial* de um desastre ou tragédia, que arrasta à ruína orgânica, em viagem de longo curso.

Suscita-te piedade o espetáculo deprimente dos órfãos ao desamparo e dos velhinhos sem agasalho, exibindo a miséria nas ruas do desconforto.

Confrangem-te o peito os caídos ao relento, que fizeram dos passeios e portais rústicos de ruelas escuras o grabato de dolorosas provações.

Dói-te a patética das mães viúvas e esfaimadas e dos enfermos sem medicamentos ou, ainda, dos esquecidos pelo organismo social.

(...) Todos são passíveis do teu melhor sentimento de amor e compunção.

PUNGIR
Magoar, afligir, atormentar.

LACERAR
(M.q.) Dilacerar; rasgar com força; despedaçar.

CARPIR
Arrancar em sinal de dor, de sentimento.

CONTINGÊNCIA
Fato imprevisível ou fortuito que escapa ao controle; eventualidade.

CERCEAMENTO
(M.q.) Cerceio; ato ou efeito de cercear; cerceadura, cerceamento.

TERATOGÊNESE
Formação e desenvolvimento no útero de anomalias que levam a malformações; teratogenia.

CONFRANGER
Quebrar com força; espedaçar, esmigalhar.

GRABATO
Leito pequeno e miserável; catre.

COMPUNÇÃO
Sentimento de pesar; pungimento.

COMISERAÇÃO
Sentimento de piedade pela infelicidade de outrem; compaixão, miseração.

ESTUPEFACIENTE
Que ou o que provoca costume e conduz a um estado de privação, podendo levar à toxicomania (diz-se de substância psicotrópica); entorpecente.

ENVILECER
Tornar(-se) vil, desprezível; aviltar(-se), deslustrar(-se), desonrar(-se), humilhar(-se).

ALÇADO
Conduzido para cima; erguido, levantado, alteado.

MENDAZ
Que mente, que revela ou envolve hipocrisia; falso, hipócrita, mentiroso.

EMPEDERNIDO
Que se empederniu; duro como pedra, petrificado, insensível.

LÁTEGO
(Fig.) Pena ou punição que se inflige; castigo.

INSIDIOSO
Que arma insídias; que prepara ciladas; enganador, traiçoeiro, pérfido.

AUTOCÍDIO
(M.q.) Suicídio.

Ao fitá-los, recordas-te dos "filhos do Calvário" e evocas, naturalmente, Jesus...

Eles, porém, estes sofredores, estão em resgate, dependendo deles mesmos a felicidade para o amanhã.

Já foram alcançados pelo invencível poder da Lei Divina.

Outros há que passam distribuindo simpatia e cordialidade, merecedores, no entanto, da mais profunda comiseração.

Alguns têm o corpo jovem, e fazem dele mercadoria de preço variável na insegura balança das emoções negociáveis.

Muitos sorriem e são tiranos da família, que esmagam impiedosamente.

Vários são disputados nas altas rodas das comunidades e vivem do fruto infeliz das drogas estupefacientes.

Diversos mantêm bordéis e aliciam jovens levianos.

Uns jogam na bolsa da usura e ludibriam corações invigilantes e arrebatados...

Outros comercializam a honorabilidade do lar ou envilecem a dignidade dos ascendentes.

Inúmeros são agiotas corteses, conquanto inescrupulosos e cruéis.

Incontáveis caluniam, amaldiçoam, apontam as falhas do próximo e, aparentemente, são justos, leais e bons.

Alçados alguns às posições *invejáveis* das artes, da política, das religiões, são mendazes e empedernidos, delicados por profissão e criminosos disfarçados.

Uma infinidade destes, porém, ao nosso lado ou sob o nosso teto parecem nobres e honrados, sadios e corretos, mas não são...

Aqueles, os em resgate, possivelmente se encontram arrependidos ou, sob o látego da dor, predispõem-se às tarefas de recomeço feliz, mais tarde.

Estes, como são ignorados pelas leis dos homens, desconhecidos dos magistrados, prosseguem na carreira insidiosa da loucura que os arrasta à meta do autocídio direto ou indireto.

Ludibriando sempre, esquecem-se de si mesmos.

Não os esquecerá, todavia, a Lei.

O que fazem e como o fazem, o que pensam e contra quem pensam inscrevem-no, gravam-no no perispírito com rigorosa precisão, para depois...

Todas as culpas ocultas se transformarão em feridas que clamarão pelo tempo e espaço medicamentos eficazes e dolorosos.

Espoliadores dos bens divinos, experimentarão o fruto da falácia e da zombaria.

Ouviram, sim, através dos tempos, os apelos da verdade e da vida.

Conheceram e sabem qual a trilha da retidão.

Podem agir com acerto.

Preferem, no entanto, assim. São os construtores do amanhã.

Ora e apiadas-te, meditando neles e nos seus crimes disfarçados e ocultos, para te acautelares.

A queda e o erro, o ato infeliz e o compromisso negativo que os demais ignoram, todos podem conduzir em silencioso calvário. É necessário, porém, o esforço para a reeducação da mente e a disciplina do Espírito.

Todas as vezes em que o Mestre ofereceu misericórdia e socorro a alguém no sublime desiderato do Seu apostolado redentor, foi claro e severo quanto à não continuidade no erro.

Pensando nisso, dilata o amor aos sofredores, a piedade aos geradores de sofrimentos, mas cuida de não te comprometeres com a retaguarda, porquanto amanhã, diante da consciência liberta, as tuas sombras serão os fantasmas a criarem problemas contigo ante a Lei Sublime do Excelso Amor.

PERISPÍRITO
"O laço ou perispírito, que prende ao corpo o Espírito, é uma espécie de envoltório semimaterial. A morte é a destruição do invólucro mais grosseiro. O Espírito conserva o segundo, que lhe constitui um corpo etéreo, invisível para nós no estado normal, porém que pode tornar-se acidentalmente visível e mesmo tangível, como sucede no fenômeno das aparições."
(Kardec. *O Livros dos Espíritos*, 1994)

ESPOLIADOR
Que ou o que espolia; esbulhador, usurpador, saqueador.

APIADAR
(M.q.) Apiedar; condoer(-se), comover(-se), sensibilizar(-se).

CALVÁRIO
(Fig.) Tormento, martírio.

DILATAR
(Fig.) Difundir(-se), propagar(-se), espalhar(-se).

NAS DORES E RUDES PROVAÇÕES 3

"169. É invariável o número das encarnações para todos os Espíritos?
"Não; aquele que caminha depressa, a muitas provas se forra. Todavia, as encarnações sucessivas são sempre muito numerosas, porquanto o progresso é quase infinito."

L.E.

Levanta o Espírito combalido e avança na direção do bem que te convida à felicidade.

Quantos se demoraram no exame dos insucessos, recolhendo reproche e coletando amarguras, estão na retaguarda, em dolorosas lamentações.

Aqueles que colocaram a lâmina cortante da intriga e da suspeita no coração, receosos de movimentos libertadores, continuam temerosos entre os que ficaram para trás.

Todos os que fizeram libações perigosas na taça do medo, encontram-se narcotizados, sem força para reagirem contra o mal, para seguirem intimoratos na direção da verdade.

Muitos que se ligaram à hipnose perturbadora da impiedade, que medra em vigorosas mentes desencarnadas, acumpliciaram-se com as hordas selvagens do Além-túmulo, sucumbindo, inermes, sob tenazes rudes.

O medo como o arrependimento são ópio nefasto para a alma.

Como a censura é carro de cinza e lama, a tristeza e a taciturnidade são nimbos compactos ante o claro sol, dificultando a expansão da luz.

Não permitas que a névoa do cansaço ou a noite do desencanto povoem o país da tua alma com fantasmas que se desintegram ao contato da verdade.

Não os vitalizes, não os agasalhes.

COMBALIDO
Abalado, enfraquecido; desanimado.

LIBAÇÃO
A bebida tomada por prazer ou para brindar.

NARCOTIZAR
Causar estado de entorpecimento ou fazer dormir.

INTIMORATO
Não timorato, que não sente temor; destemido, valente.

MEDRAR
Crescer, fazer crescer.

HORDA
Bando indisciplinado, malfazejo, que provoca desordem, brigas etc.

INERME
Desprovido de armas ou de meios de defesa; desarmado, indefeso, inofensivo.

TENAZ
Que prende e agarra com firmeza.

ÓPIO
Aquilo que serve de paliativo ou que provoca adormecimento, embrutecimento moral.

NIMBO
Nuvem espessa e cinzenta, de baixa altitude.

O cristão decidido está entregue a Jesus, n'Ele confia, a Ele se dá. E se a dificuldade teima em persegui-lo, como se tomasse corpo e movimento, ele se arma com a oração e o amor, e avança.

Se a desordem reina, ele faz-se o equilíbrio de todos.

Se a dor impera, ele é a esperança de saúde para todos.

Se o desespero cresce, ele é o porto de segurança onde todos se encontram.

Se o mal, em qualquer manifestação, *reponta*, ele é o bem em representação atuante e vigorosa, ajudando e confiando sem temor nem cansaço até o fim.

Não te deixes, portanto, abater, nunca.

Lembra-te de que Jesus, podendo ter vivido cercado de bajuladores e comparsas, guindado às altas esferas do mundo entre prazeres e *facécias*, no gozo ilusório do imediatismo carnal, escolheu os recintos onde se demorava a dor, e para companheiros homens *simples* e corações problematizados, amigos atormentados e perseguidos, perseguido Ele mesmo, para logo depois de julgamento arbitrário e cárcere humilhante, seguidos de *ignominiosa* crucificação e obscura morte, alçar-se às excelsas *planuras* da imortalidade, vitorioso e sublime, continuando a esperar por nós, pelos séculos sem-fins, nos infinitos caminhos do tempo.

REPONTAR
Vir aparecendo de novo.

FACÉCIA
Dito jocoso; chacota, gracejo, pilhéria.

IGNOMINIOSO
Que provoca horror, vergonha.

PLANURA
(M.q.) Planalto.

NÃO SÓ JUSTIÇA   4

"Todos os Espíritos tendem para a perfeição, e Deus lhes faculta os meios de alcançá-la, proporcionando-lhes as provações da vida corporal. Sua justiça, porém, lhes concede realizar, em novas existências, o que não puderam fazer ou concluir numa primeira prova."
L.E. (Comentários de A. K. à resposta 171).

– "Vale de lágrimas!" – exclamam corações em tormento.
– "Região de trevas e desespero!" – propõem sofredores de diversos matizes.
– "Oásis de gozo!" – afirmam os *doentes* do prazer.
– "Recanto de delícias!" – esclarecem os fornicadores da loucura.
– "Colônia de alegrias ao alcance da sagacidade" – expõem cerebrações enrijecidas no mal.
– "Punição, viver" – bradam uns.
– "Vivamos e gozemos!" – proclamam outros.
– "Viver é pagar alto tributo à vida" – gritam alguns revoltados.
– "Viver é aproveitar o favor da oportunidade" – reptam os desassisados.

A carne, como porta de renascimento, é alta concessão da Divindade para a felicidade do espírito.

A Terra é abençoado educandário onde se formam valores e se afirmam expressões superiores para a Vida.

Atados à conceituação deficitária da unicidade da experiência carnal para o Espírito, os discípulos de tal escola contemplam, estarrecidos, a dor, formulando hipóteses cruéis, nas quais mentalizam a Justiça Divina através dos recursos mesquinhos da arbitrariedade humana...

OÁSIS
Coisa, local ou situação que, em um meio hostil ou numa sequência de situações desagradáveis, proporciona prazer.

ENRIJECER
Tornar(-se) rijo, forte; endurecer(-se), enrijar(-se).

REPTAR
Lançar desafio; provocar.

DESASSISADO
Que ou quem não tem siso, juízo; desatinado, dessisudo, desvairado, doido.

DEFICITÁRIO
Em que há deficit; em que falta alguma coisa.

ESTARRECER
Causar espanto ou pavor (a); fazer ficar ou ficar horrorizado; assombrar(-se), apavorar(-se), aterrar(-se), esterrecer(-se).

Vinculados a um materialismo grotesco e revel, homens e mulheres desnorteados derivam para o prazer as apreensões que mantêm quanto à Vida além-túmulo.

Informados da pluralidade das experiências carnais, em face do sofrimento, há quem diga que a reencarnação é justiça, severa justiça...

Não só justiça, mas misericórdia também.

Alta e valiosa misericórdia, significa o trânsito na carne, a recapitulação entre novo berço e novo túmulo.

Por natural evocação das paisagens da Vida extrafísica, todos guardamos nas telas mentais os *sinais* da imortalidade.

Estes relutam e asfixiam as lembranças nos nimbos cerrados da rebeldia.

Esses reagem e apagam as evocações com a borracha da indiferença.

Aqueles insistem na negativa e anulam as recordações ante a teimice do prazer.

Todos, no entanto, renascem assinalados pelos caracteres trazidos da Vida espiritual, na qual foi cultivada a aflição ou a ventura decorrente da jornada precedente...

Aguça os *ouvidos* e *registrarás* vozes de ontem, falando hoje.

Educa os *olhos* e *enxergarás* companheiros que a morte não consumiu nem aniquilou.

Aprimora a *mente* e *decifrarás* os enigmas do momento, encontrando-lhes as chaves no pretérito.

Recorda e sentirás que viveste, vives e viverás...

Diante do arguto doutor do Sinédrio, a serenidade e segurança de Jesus afirmaram: "É necessário nascer de novo". E ante as interrogações e dúvidas que assomavam ao interlocutor, Ele expôs: "O vento sopra onde quer, ouves-lhe a voz, mas não sabes donde vem nem para onde vai. Assim é o Espírito"... ensejando-nos a marcha da evolução, o grande porvir hoje em começo, através da Justiça e da Divina Misericórdia também.

REVEL
Que demonstra desdém ou falta de interesse por outrem, ger. recusando qualquer manifestação afetiva; insociável, esquivo.

TEIMICE
(M.q.) Teimosia; qualidade de teimoso; teima repetida; obstinação excessiva.

VENTURA
Boa sorte, fortuna favorável, dita.

PRECEDENTE
Que precede; ocorrido previamente; anterior.

ARGUTO
Capaz de perceber rapidamente as coisas mais sutis; de espírito sagaz, penetrante.

ASSOMAR
Principiar a mostrar-se; aparecer, surgir.

PORVIR
O tempo que está por vir, por acontecer; futuro.

REVOLTA   5

"192. Pode ao menos o homem na vida presente, preparar com segurança, para si, uma existência futura menos prenhe de amarguras?
"Sem dúvida. Pode reduzir a extensão e as dificuldades do caminho. Só o descuidoso permanece sempre no mesmo ponto."

L.E.

Indiscutivelmente, defrontas a revolta em toda a Terra, carregando uma máscara de mil faces com que se apresenta, dominadora.

Revolta da pobreza que não se pode adornar de ouro frio nas competições infrenes do luxo...

Revolta da fortuna porque não pode conquistar o mundo, cavalgando as consciências honradas...

Revolta da vaidade que não logra sobrepor-se à dignidade alheia...

Revolta de quem não pode disseminar a perversão moral...

Revolta daqueles que não souberam preservar a saúde...

Revolta de quantos tombaram nos testemunhos à virtude, resvalando nos lamaçais do vício...

Revolta da ignorância por não envenenar a cultura que lhe desvela a cegueira...

Revolta do *mal* por não dispor de recursos para instaurar a anarquia no mundo...

Revolta da ambição dos que muito possuem e não estão satisfeitos, fazendo-se, eles mesmos, escravos do que ainda não têm, e revolta da ambição dos que nada têm, atormentado-se, eles próprios, na grilheta da posse que ainda não lhes chegou às mãos, olvidando, todos eles, o aproveitamento dos bens disponíveis para a disseminação da alegria e da felicidade nos corações...

INFRENE
(Fig.) Imoderado, nada contido; destemperado, desordenado.

LOGRAR
Conseguir, alcançar.

LAMAÇAL
Coisa degradante, viciosa.

ANARQUIA
Ausência de direção e/ou normas.

GRILHETA
(M.q.) Grilhão ('elo, prisão').

Revolta dos que não têm fé, atirando-se nos cipoais do desespero, longe da disposição de aprimoramento da alma, e revolta dos que receberam o chamado da fé, mas não foram poupados aos necessários resgates das velhas dívidas, comprometendo-se, ainda mais, nos espinheiros da reclamação injusta, em flagrante desrespeito às sábias Leis que regem a vida...

Há, porém, uma revolta mais lamentável: aquela que surge na inconformação do homem esclarecido pela consoladora Doutrina de Cristo e que se embrutece na violência do prazer ultrajante, porque não consegue imprimir aos caprichos soezes um cunho superior, esmagando na posse quantos se negam a compactuar-lhe as fraquezas e indignidades, esquecido de que o caminho da paz é pavimentado de renúncia e humildade, embora a aflição que corrói e gasta.

Liberta-te da revolta de qualquer espécie e busca examinar, através do amor total, os recursos ao teu alcance, desdobrando esforços para a utilização justa do tempo e da dor, convertidos em experiência primorosa, em favor da tua integração nas tarefas a que te propões, a benefício de ti mesmo, porque *"só o descuidoso permanece sempre no mesmo ponto"*.

EMBRUTECER
Tornar(-se) bruto, tosco, estúpido, embrutecido; enrudecer.

SOEZ
Barato, sem nenhum valor; desprezível, reles, vulgar.

PRIMOROSO
Que apresenta primor (qualidade superior; perfeição, excelência, delicadeza); maravilhoso, perfeito, encantador.

MENTORES E TAREFAS 6

"491. Qual a missão do Espírito protetor?
"A de um pai com relação aos filhos; a de guiar o seu protegido pela senda do bem, auxiliá-lo com seus conselhos, consolá-lo nas suas aflições, levantar-lhe o ânimo nas provas da vida."

L.E.

O processo de transferência de responsabilidade vigente entre os encarnados lentamente está sendo aplicado na Seara Espírita pela invigilância dos companheiros residentes na organização física.

Considerando os instrutores espirituais amigos devotados e incondicionais, como realmente o são, para estes pretendem relegar, por ignorância doutrinária, as tarefas e realizações que lhes dizem respeito, justificando tal conduta com as referências de amor.

Amor para aqueles que assim pensam e agem significa servidão; e justiça, para eles, passa a ser conivência com os seus erros.

Convidados à fidelidade aos postulados de fé que afirmam abraçar, mediante o testemunho pelo sofrimento, gritam pelos amigos espirituais, rogando libertação das dores.

Diante de problemas que a serenidade e o discernimento podem solucionar, exoram aos benfeitores desencarnados, a fim de que afastem o fardo.

Incompreendidos nas atividades a que se dizem afervorados e fiéis, clamam pelos Espíritos amorosos, exigindo seja comprovada sua inocência.

Enfrentando dificuldades no lar, solicitam aos inspiradores espirituais que atendam a família, amenizando-lhe as provas domésticas.

RELEGAR
Afastar de um lugar para outro.

EXORAR
Pedir com súplicas; implorar.

FARDO
Aquilo que é difícil ou duro de suportar.

> **CONCESSÃO**
> Ato ou efeito de dar ou ceder (algo); outorga, entrega.

> **MERCÊ**
> Recompensa por algum trabalho ou serviço.

> **INCUMBÊNCIA**
> Aquilo de que se é incumbido, encarregado; encargo, missão.

> **REQUERENTE**
> Que ou aquele que requer; requeredor.

> **PROTECIONISMO**
> Sistema de proteção da indústria ou do comércio de um país, concretizado em leis que proíbem ou inibem a importação de determinados produtos, por meio da taxação de produtos estrangeiros; (fig.) Proteção específica.

> **PUPILO**
> Indivíduo que recebe proteção de outro, mais influente ou poderoso; protegido, valido.

Empreguismo, melhoria de "sorte", afetos, posições de destaque são partes essenciais dos seus requerimentos aos Espíritos superiores, no sentido de receberem no Mundo maior tais concessões, sem qualquer esforço apreciável.

E quando enfrentam o portal da Vida verdadeira, após a desencarnação, exigem a presença dos Espíritos felizes para os conduzirem às Excelsas mercês...

Há diversos desses exploradores espirituais que se dizem beneficiários contínuos dos Espíritos nobres, continuando, no entanto, asseveram, "muito necessitados de socorro e orientação."

Esquecem-se de que os instrutores sublimes orientam e socorrem, mas não realizam as incumbências que não lhes dizem respeito, mesmo quando fortes vínculos do amor estreitado em múltiplas reencarnações os ligam aos requerentes.

Sabem que evolução é tarefa individual, intransferível e que as Divinas Leis não registram artigos de protecionismo especial ou de condescendência criminosa a benefício de uns e em detrimento de outros.

Não executam os benfeitores espirituais os compromissos dos seus pupilos, por conhecerem que o Espírito ascende na jornada evolutiva, assinalado pelas condecorações próprias, isto é, as cicatrizes e os suores da experiência.

Sofrimento, dificuldade, limitação, doença são expressões de aprendizagem para o uso correto dos recursos malbaratados ontem a escassearem hoje.

Ama, desse modo, os teus protetores espirituais e respeita-os.

Faze a tua parte conscientemente.

Apoia-te na dignidade do dever e realiza quanto te seja possível.

Encarregados pelos Excelsos representantes de Jesus Cristo, teus mentores espirituais conhecem o programa dos teus compromissos e confiam no teu esforço, realizando a parte que lhes cabe desenvolver.

Respeita-os, mentores veneráveis que são, situados acima das questões que engendras e só a ti pertencem, orando ao Senhor nos instantes difíceis para que a inspiração do trabalho que deves executar flua generosa deles a ti, em intercâmbio *refazente* do qual retornes confiante e renovado.

Jan Hus, convidado ao doloroso testemunho, traído e malsinado, orou ao Pai e deu-se à Verdade sem restrições, numa fogueira, após o que, suas cinzas foram atiradas sobre as águas do Reno...

Joanna d'Arc, acossada e perseguida, confiou nas Vozes e sem solicitações inconcussas nem débeis, entregou-se ao Socorro Divino, orando, enquanto as labaredas lhe devoravam as carnes...

Lucílio Vanini, confiando na Proteção Superior, foi acusado e queimado vivo, por *ateísmo*, tendo sofrido, antes da morte, a extirpação da língua por tenazes poderosas...

E Allan Kardec, lutando contra adversários impiedosos em ambos os planos da vida, para fazer o legado da Mensagem Espírita à posteridade, embora dirigido pelo Espírito Verdade, não transferiu o dever assumido antes do berço, entregando-se intemerato e incansável ao labor até a desencarnação, como a informar que os mentores espirituais ajudam, inspiram e socorrem, mas a tarefa a cada um compete executar.

ENGENDRAR
Criar(-se), produzir(-se), gerar(-se).

MALSINAR
Atribuir caráter mau ou censurável a; condenar, censurar, reprovar.

ACOSSAR
Incomodado ou perturbado com insistência; atormentado, molestado.

INCONCUSSO
Que está solidamente estabelecido, fixado; firme, inabalável, sólido.

EXTIRPAR
Arrancar pela raiz.

INTEMERATO
Não corrompido, sem mácula; íntegro, puro, incorrupto.

LABOR
Trabalho, faina, esp. tarefa árdua e demorada.

ARMADURA DE SEGURANÇA   7

"660. A prece torna melhor o homem?
"Sim, porquanto aquele que ora com fervor e confiança se faz mais forte contra as tentações do mal e Deus lhe envia bons Espíritos para assisti-lo. É este um socorro que jamais se lhe recusa, quando pedido com sinceridade."
L.E

Quando o problema tomou proporções alarmantes, ao revés de demandares a fonte augusta da prece, banhado o coração com a água lustral do equilíbrio e da sinceridade, hauridos na comunhão com as Esferas elevadas, te deixaste arrastar por inexplicável desespero que se fez peso morto a complicar os movimentos da tua libertação.

Murmuraste, enraivecido: "Tudo de ruim me acontece!"

Acrescentaste azedamente: "Onde o auxílio superior?"

Revidaste com mágoa: "Sou espírita, mas também sou humano!"

Completaste, revoltado: "Assim não suporto. Deserto a qualquer hora"!

Gritaste, impelido pela insânia: "Chega! É demais! Para fazer o bem não é necessário perder a paz, sofrendo tanto!..."

Quando te candidataste à tarefa cristã com que o Espiritismo te acenava vitória espiritual sobre o pretérito culposo, sorriste em deslumbramento com a mente em febre de justa emoção, iluminado por compreensível alegria.

Explicaste, confiante: "A fé será minha lâmpada na noite do testemunho."

Esclareceste, empolgado: "Saberei fazer jus à confiança do Mestre..."

Expuseste, deslumbrado: "Agora encontrei o roteiro que me faltava".

REVÉS
(M.q.) Reverso.

AUGUSTO
Que merece respeito, reverência; venerável.

LUSTRAL
Que purifica, invoca proteção, livra de culpas.

HAURIR
Extrair, colher.

DESERTAR
Desistir, renunciar.

PRETÉRITO
Que passou; passado.

Elucidaste, jovial: "Que o Senhor me honre com o trabalho e a luta na construção da Humanidade melhor!"

Concluíste, fascinado: "Porfiarei até o fim, haja o que houver! Se a morte chegar às minhas carnes, que ela me encontre de pé no campo!..."

Quando as palavras de renovação dos amigos espirituais atingirem a acústica da tua alma, deixas-te arrastar pelos rios perfumados da emoção, deslizando no barco da esperança.

O céu, no entanto, não se limita aqui ou ali com a Terra – interpenetram-se Terra e céu.

O entusiasmo dinamiza o espírito de luta, mas só a maturidade favorece o Espírito com os valores reais e necessários à luta.

É muito comum aguardarem os crentes, desta ou daquela denominação religiosa, que a Providência Divina apresente soluções facilitadas e respostas prontas para todas as questões.

O Espiritismo, sendo a Doutrina resultante das experiências dos desencarnados, não favorece a fé acumpliciada com o ludíbrio, não se compadece das promessas quiméricas nem se apoia no culto à personalidade.

Não *salva*.

Não resolve problemas.

Não adia tarefas.

Mostra a rota salvadora.

Ensina diretrizes seguras.

Apresenta os impositivos da realização.

Favorece o crescimento espiritual.

Produz responsabilidade e enseja libertação.

Veste o discípulo com a armadura de segurança da dignidade real.

Quando o problema vier...

Quando a dor surpreender...

Quando a incompreensão se estabelecer...

Quando a enfermidade se instalar...

Quando a luta eclodir...

PORFIAR
Obstinar-se, insistir, teimar.

ACUMPLICIAR
Tornar(-se) cúmplice ou conivente com (algo ou alguém); fazer colaborar ou colaborar com; conluiar(-se), cumpliciar(-se).

LUDÍBRIO
Ato ou efeito de ludibriar, enganar; brincadeira maldosa; logro, zombaria.

QUIMÉRICO
Que é fruto da imaginação, da fantasia; fantástico, fictício, utópico.

ECLODIR
Tornar-se subitamente visível; aparecer, surgir.

Quando a soledade afligir...

Quando... quando fores convocado à tarefa para a qual o Espiritismo vem armando tua mente e teu coração com os instrumentos rutilantes da verdade, unge-te de humildade, deixa que vibrem as altas harmonias do Cristianismo em teu mundo íntimo, honrando-te com a oportunidade de expressar a ti mesmo a excelência do verbo crer, na atividade do ser, pela senda do *merecer*. E insistindo sem cansaço, porfiando sem desídia, vencerás trevas e conflitos, refugiando-te na oração, porque, inspirado por Jesus, a Quem deves buscar em todos os instantes da vida, a Ele que, há tanto tempo te tem buscado, paciente...

RUTILANTE
Que rutila; que fulgura ou resplandece com vivo esplendor; luzente, cintilante; cujo brilho chega a ofuscar.

SENDA
(Fig.) Rumo, direção, rota.

DESÍDIA
Falta de atenção, de zelo; desleixo, incúria, negligência.

PREGUIÇA 8

"682. Sendo uma necessidade para todo aquele que trabalha, o repouso não é também uma Lei da Natureza?
"Sem dúvida. O repouso serve para a reparação das forças do corpo e também é necessário para dar um pouco mais de liberdade à inteligência, a fim de que se eleve acima da matéria."

L.E.

Na sua primeira Epístola à Igreja de Corinto, no capítulo onze, versículo trinta, o apóstolo Paulo informa: *"(...) há entre vós muitos fracos e doentes, e muitos que dormem"*.
Em seu zelo incomparável para com o Espírito, o missionário das gentes se refere àqueles que não sabem portar-se ante a evocação da Ceia do Senhor... Todavia, em nos reportando aos que "dormem", sugerimos alguns comentários oportunos, em considerando as lides nas quais nos encontramos empenhados, tendo em vista a nossa redenção espiritual.

LIDE
Luta, peleja, combate.

O homem inteligente, que descobre através do Espiritismo os objetivos essenciais da reencarnação, facilmente se liberta das superficialidades, aprofundando o interesse pessoal nas questões transcendentais, em que se renova e felicita.

Aproveita ao máximo os tesouros *tempo* e *oportunidade*, valorizando o conhecimento pela sua bem-dirigida aplicação.

ENGOLFAR
Mergulhar em (sorvedouro, abismo etc.).

Não se deixa engolfar pelas seduções que o amesquinham nem entesoura paixões que o degradam.

Aprimora os sentimentos e cultiva a mente, a si mesmo permitindo somente os valores ponderáveis e expressivos para a autorrealização.

Procura viver com respeito pela vida, exercitando equilíbrio e sensatez.

Sabe que uma jornada longa, na carne, é uma honra e como aproveitá-la sabiamente é tarefa que lhe compete.

Por análise e dedução, compreende que a desencarnação cedo, raras exceções, é punição que se aplicam antigos suicidas, cujos fluidos degenerescentes gastam a harmonia das células, produzindo desajustes incontroláveis, que os perturbam no Além-túmulo, pelos choques psíquicos que advêm do renascer e logo desencarnar...

Em verdade, na Terra, dorme-se em demasia.

Dorme-se por necessidade de refazimento orgânico, dorme-se por não se "ter o que fazer", dorme-se por dormir...

Uma expressiva maioria dos homens ditos civilizados, na caça de emoções brutalizantes, troca as noites pelos dias e, insensibilizados, dormem...

Outros dormem sob hipnose vigorosa de *mentes* que intercambiam com suas mentes, impossibilitando-lhes o estudo, a atenção, o trabalho...

Dormem no lar, dormem em reuniões de qualquer natureza, quando edificantes e úteis, dormem no transporte, dormem no trabalho... Hibernam-se pela compulsória obsessiva e, mesmo desencarnados, permanecem em estado de sono com os centros da consciência lesados.

Enfermidades se desenvolvem facilmente quando a inércia mental lhes concede campo!

Males se agravam naqueles que, tardos, não oferecem resistência às aflições que os visitam.

Autocídios inconscientes se desenvolvem ignorados, nos que mantêm a casa mental vazia de objetivos superiores.

Amolentados, deixam-se arrastar pela preguiça, e esta trabalha a indumentária que mata, por constrição, o *corpo* de qualquer ideal em desenvolvimento e asfixia toda expressão de luta.

O título universitário conferido sem mérito é adorno ridículo.

O instrumento que reluz, sem utilidade, torna-se incômodo.

INÉRCIA
(Fig.) Falta de reação, de iniciativa; imobilismo, estagnação.

TARDO
Avesso a atividade ou trabalho; preguiçoso, indolente.

AUTOCÍDIO
(M.q.) Suicídio.

AMOLENTAR
Amolentar, torna-se mole.

INDUMENTÁRIA
O que uma pessoa veste; roupa, indumento, induto, vestimenta.

O Espírito encarnado inoperante é prejuízo na economia social.

Desperta para a vida.

Exercita mente e membros na ação.

Luta contra os vapores entorpecentes que te vencem a lucidez mental.

Atua, diligente, onde estejas. Em todo lugar há oportunidades para quem gosta de trabalhar.

O problema que muito se destaca na atualidade é o da preguiça.

Empreguismo, facilidade, repouso, amolentamento moral, prazer são condimentos que temperam a preguiça a funcionar qual ferrugem destruidora nas engrenagens do Espírito, corroendo o homem.

O cristão decidido, a exemplo do seu Mestre, é atuante, adversário natural e espontâneo desse corrosivo odiento, que é a preguiça, no entanto, muito requestado e bem-aceito.

Quando sentires, sem motivos procedentes e reais, moleza e avassaladora necessidade de repouso demorado, desperta e produze.

Não durmas senão o necessário.

Vigia e ora.

Jesus, no Horto, à hora do testemunho doloroso, mais de uma vez, encontrou-se a sós, apesar dos companheiros ao Seu lado... dormindo.

E como a desencarnação advirá agora ou mais tarde, prefere partir cansado ou extenuado, produzindo para o bem, a partir radiante de saúde e estuante de força nos braços amolentados da preguiça.

HORTO
(Fig.) Lugar de padecimentos, por alusão ao Horto das Oliveiras, onde Jesus viveu momentos de angústia.

EXTENUADO
Que se extenuou; esgotado, exaurido.

ESTUANTE
Que estua, que arde; ardente, escaldante.

SERVE E CONFIA   9

"784. Bastante grande é a perversidade do homem. Não parece que, pelo menos do ponto de vista moral, ele, em vez de avançar, caminha aos recuos? "Enganas-te. Observa bem o conjunto e verás que o homem se adianta, pois que melhor compreende o que é mal, e vai dia a dia reprimindo os abusos. Faz-se mister que o mal chegue ao excesso, para tornar compreensível a necessidade do bem e das reformas."

L.E.

Alma que sofre, olha a terra encharcada e ferida, coberta de árvores quebradas e banhada pelas águas dos rios transbordantes!

Aqui e ali a destruição e o lamaçal assinalam a passagem terrível da tormenta desenfreada.

Contempla o jardim despedaçado pelo granizo e o vento, deixando flores mortas no chão e raízes acima do solo.

Fita as águas lodosas dos rios cheios, conduzindo destroços e morte...

A devastação passou abraçada à ruína, e a vida periclita em derredor.

No entanto, no dia seguinte, brilha o Sol generoso. Osculando tudo, indistintamente, leva a toda parte a bênção da esperança e do refazimento.

Confiante, o homem resolve cooperar com a mensagem de Mais-alto. Abre valas, desvia os cursos d'água, revolve a terra, retifica a vegetação destroçada e semeia na gleba úmida.

O tempo se encarrega de devolver a esse homem resoluto a beleza da paisagem, a bênção do grão e o doce aroma das flores espalhado no ar... E o Sol compassivo segue adiante.

Vai mais além, alma em sofrimento, e fita a terra ressequida, o chão ferido pelas setas douradas do Sol, os rios em pó, nem água nem lama, a vegetação crestada e a vida a morrer...

A seca impiedosa tudo destruiu.

PERICLITAR
Encontrar-se sob a ameaça de perigo; correr perigo.

OSCULAR
Tocar de leve, acariciar, beijar.

RETIFICAR
Tornar reto; alinhar.

FITAR
Fixar(-se) [a vista] em.

CRESTADO
Submetido à cresta; queimado, tostado, torrado.

> **ÂNFORAS**
> Vaso cerâmico, bojudo, de gargalo estreito e base pontiaguda, com um par de asas simétricas para facilitar o transporte, usado pelos antigos gregos e romanos para conservar líquidos (vinho, azeite, água etc.) e cereais.

> **AMANHO**
> Arte ou técnica de cultivar ou lavrar a terra; lavoura.

> **OBNUBILAR**
> Tornar(-se) obscuro; escurecer(-se).

Todavia, subitamente, carreadas por ventos bons, nuvens andantes entornam suas ânforas cheias, cobrindo de umidade e vida a terra torturada.

O homem, animado pelo auxílio inesperado, corre ao chão e o afaga com os instrumentos de amanho, sendo felicitado, depois, com o verde dos campos e o ouro das espigas, contemplando as fontes cantantes à sombra do arvoredo... E o Sol compassivo segue adiante.

Enxuga, então, tuas lágrimas de agora.

Se a tormenta hoje te inunda o coração, desfazendo o jardim dos teus sonhos ou alagando com as lágrimas da inquietação o teu pomar de fantasias, aguarda o Sol generoso, doador de bênçãos, serve e confia, semeando a esperança no próprio coração.

Se a ingratidão queimou o frescor da tua alegria e a injustiça secou o teu rio de confiança na vida, serve ainda mais e mais confia nas abençoadas nuvens portadoras da abundância da felicidade. Quando chegarem, renovarão teus celeiros com os sadios grãos da serenidade e da paz.

Cala todas as dores para que a cortina líquida do pranto não obnubile a visão azul dos céus que te mandarão o socorro em mensagem de luminoso alento.

Hoje significa o teu momento de semear, sejam quais forem as condições.

Deixa ao futuro aquilo que o presente ainda não pode resolver e, sem desfalecimento, serve e confia, observando que "o homem se adianta, pois que melhor compreende o que é mal, e vai dia a dia reprimindo os abusos", inspirado, esse homem em crescimento, que te observa a conduta espírita e cristã, nos teus salutares exemplos de fé e serviço.

AUTODOAÇÃO   10

"893. Qual a mais meritória de todas as virtudes?
"Toda virtude tem seu mérito próprio, porque todas indicam progresso na senda do bem. Há virtude sempre que há resistência voluntária ao arrastamento dos maus pendores. A sublimidade da virtude, porém, está no sacrifício do interesse pessoal, pelo bem do próximo, sem pensamento oculto. A mais meritória é a que assenta na mais desinteressada caridade."

L.E.

Aprende a doar-te, se desejas atingir a prática legítima do Evangelho.

Pregador que se alça à tribuna dourada, derramando conceitos brilhantes, mas não se gasta nos labores que propõe é apenas máquina de falar, inconsciente e inconsequente.

O verdadeiro aprendiz da Boa-nova está sempre a postos.

Se convidado a dar algo, abre a bolsa humilde e, recordando-se da Parábola da Viúva Pobre, oferta o seu óbolo sem constrangimento.

Se chamado a dar-se, empenha-se no trabalho, gastando-se em amor, consumindo as energias, recordando o Mestre na carpintaria nobre.

Há muita gente nas fileiras do Cristianismo que ensina com facilidade, utilizando linguagem escorreita, falando ou escrevendo, mas logo que é convocada a dar ou doar-se recua apressadamente ferida no amor-próprio.

Prefere as posições superiores de mando, distante das honrosas situações do serviço. Pode ser comparada a parasitas em alta posição na árvore de que se nutrem, inúteis.

Em comezinhos exemplos, encontrarás, no quotidiano, o ajudar-gastando-se.

A pedra que afia a lâmina consome-se no mister.

A grafite que escreve desaparece enquanto registra.

O sabão que higieniza dissolve-se, atendendo ao objetivo.

ÓBOLO
Pequeno donativo feito aos pobres; esmola.

ESCORREITO
Que tem apuro, que é correto.

COMEZINHO
(Fig.) Fácil de entender; simples.

Em razão disso, não receies sofrer nas tarefas a que te propões.

São os maus que de ti necessitam. Os enfermos te aguardam e os infelizes confiam em ti.

Pede a ti mesmo algo por ele e, embora o teu verbo não tenha calor nem a tua pena seja portadora da fraseologia retumbante, haverá sempre muita beleza em teus atos e muita bondade em teus gestos quando dirigidos àqueles para quem, afinal, a Boa-nova está no mundo, recordando que Jesus, após cada pregação sublime, dava-se a si mesmo para a felicidade geral.

A estes oferecia a palavra de alento e paz.

Àqueles ministrava, compassivo, lições de vida e gestos de amor.

A uns abria os olhos fechados ou os ouvidos moucos.

A outros lavava as mazelas em forma de pústulas ou recuperava a paz, afastando os Espíritos infelizes.

E a todos se doava, sem cessar, cantando a Boa-nova e vivendo-a entre os sofredores até a cruz, que transformou em ponte de luz na direção da Vida imperecível.

FRASEOLOGIA
O conjunto das construções mais características de uma língua ou de um escritor.

ALENTO
Inspiração, entusiasmo.

MOUCO
Que ou aquele que não ouve ou ouve muito pouco; amouco; surdo.

PÚSTULA
Pequeno tumor na pele com supuração.

OBSIDIADOS   11

"972. Como procedem os maus Espíritos para tentar os outros Espíritos, não podendo jogar com as paixões?
"As paixões não existem materialmente, mas existem no pensamento dos Espíritos atrasados. Os maus dão pasto a esses pensamentos, conduzindo suas vítimas aos lugares onde se lhes ofereça o espetáculo daquelas paixões e de tudo que as possa excitar."

L. E.

Jornadeiam sob dramas angustiantes que vivem mentalmente. O pensamento dirigido por lembranças vigorosas do passado não consegue romper os laços que o vinculam à rememoração continuada.

Atormentados em sinistros dédalos íntimos, desfazem a máscara da aparência sob qualquer impacto emocional.

Irritadiços, vivem desgovernados.

Traumatizados, são sonâmbulos em plena inconsciência da realidade.

Trânsfugas, não conseguem fugir aos cenários de sombras onde residem psiquicamente.

Refletem nas atitudes o próprio desgoverno e sofrem aflições que procuram ocultar, amedrontados.

A maioria esconde o pavor por detrás da aspereza em que se enclausura.

Uns enxergam os adversários do mundo íntimo em todos os que os cercam.

Outros ouvem em todas as expressões verbais o sarcasmo de que são vítimas incessantes.

Transitam, atordoados, monologando ou travando diálogos de vil hostilidade.

Nos painéis da tua mente muitas outras *mentes procuram* refúgio, constrangendo-te ao recuo.

Falam contigo, procurando recordar-te...

DÉDALO
Emaranhado de caminhos; labirinto.

TRÂNSFUGA
Aquele que renega seus princípios, que se descuida de seus deveres.

Apresentam-se à hora do parcial desprendimento pelo sono, tentando imprimir nos centros sensíveis os seus espectros em cuja fácies a dor e a revolta se refletem.

> **FÁCIES**
> O aspecto, a figura de um corpo tal como se apresenta à vista.

Atropelam-te, imiscuindo-se nas tarefas que te dizem respeito e interferindo mesmo em questões insignificantes do dia a dia.

> **IMISCUIR**
> Ligar-se intimamente; confundir-se, misturar-se.

Inspiram-te sombrias maquinações.

Transmitem sugestões malévolas.

Zombam da tua resistência.

Assediam a tua casa psíquica.

Também eles, os outros companheiros do envoltório carnal, igualmente sofrem a compressão desses desencarnados em estado pestilencial do ódio.

> **TENAZ**
> Muito firme; obstinado, persistente.

Como tu, também lutam tenazmente.

Alguns já se renderam, deixando-se arrastar submissos...

Diversos estão recorrendo aos estupefacientes a fim de fugirem, caindo, logo depois, indefesos, nas ciladas bem-urdidas em que se demoram hipnotizados.

> **PSICOTERÁPICO**
> Próprio de ou relativo a psicoterapia; que tem valor curativo para os problemas psíquicos.

Muitos buscam a ação dos eletrochoques e da insulina, e *repousam* apagados sem recobrarem, logo mais, a paz, voltando às evocações logo cessam os efeitos psicoterápicos de um ou de outro.

E há os que procuram em vão, na infância, as causas de suas aflições, deixando-se analisar...

Ignoram, todos eles, as causas transcendentes dos sofrimentos, a anterioridade das obsessões.

Com todo o respeito que nos merecem os métodos da Ciência e as modernas doutrinas psicológicas, associa a prece e o passe às demais terapêuticas de que te serves.

Faze da prece um lenitivo constante e do passe um medicamento refazente.

Renova a mente com o recurso valioso da caridade fraternal.

Sai da cela pessoal e visita outros encarcerados, trabalhando por eles, socorrendo-os, se estiverem em situação mais grave e danosa.

Insculpe no pensamento as asas da esperança e alça a mente às Regiões da Luz, assimilando o Hálito Divino espalhado em toda a parte.

Sentirás estímulo para lutar e ajudarás, através das atitudes de renovação, os próprios perseguidores desencarnados.

Ora por eles, os teus sicários.

Serve-te do passe evangélico e procura assimilar as energias que te serão transmitidas. Mas, sobretudo, faze o bem, ajuda sem cessar, harmoniza-te e tem paciência.

O tempo é um benfeitor anônimo.

Diante de obsessores e obsidiados, o Excelso Psicólogo manteve sempre a mesma atitude: amor pelo enfermo na carne e piedade pelo enfermo desencarnado, libertando um e outro com o beneplácito da Sua misericórdia e conclamando-os a realizarem a tarefa de renovação pelo trabalho, em incessante culto ao perdão pelo amor, em cujas páginas se inscrevem a paz e a felicidade sem jaça.

SICÁRIO
Malfeitor, facínora.

BENEPLÁCITO
Expressão de consentimento; abonação, concordância, aquiescência.

JAÇA
Imperfeição (mancha ou falha) na estrutura física de uma pedra preciosa.

MEDICAMENTO EFICAZ   12

"(...) Ora, o Espiritismo, que entende com as mais graves questões de filosofia, com todos os ramos da ordem social, que abrange tanto o homem físico quanto o homem moral, é, em si mesmo, uma ciência, uma filosofia, que já não podem ser aprendidas em algumas horas, como nenhuma outra ciência."
L.M. 1ª. parte, Cap. II –Item 13.

Desde que o clarão estelar do Espiritismo norteia tua vida, abrindo clareiras luminosas no matagal por onde avanças, em plena vilegiatura carnal, ama aos Espíritos árduos que te seguem empós, na intimidade do ninho doméstico ou em volta das tuas relações.

Obsessor ultor, que zurze o açoite da impiedade, quando no além, ao se *reemboscar* no invólucro de cinza e lama, que se torna matéria, não modifica a estrutura do próprio caráter.

Impulsionado pela Lei ao renascimento junto ao teu coração, esse cobrador insaciável é a tua vítima de antanho, exigindo-te humildade e resgate.

Amarga as tuas horas; inutiliza os teus melhores planejamentos; inquieta os teus momentos de paz; sombreia o sorriso nos teus lábios antes que irrompa; avinagra o sabor dos teus sonhos; impiedoso, é fiscal e cobrador que não cessa de exigir.

Se o encontrasses no santuário mediúnico, certamente terias comiseração e piedade, oferecendo-lhe o perdão de que tem necessidade, em bagatelas de entendimento fraternal.

Faze de conta que o corpo de que ele se utiliza oferece uma psicofonia atormentada de longo curso.

Doutrina-o com o silêncio da resolução firme.

Esclarece-o com o verbo eloquente da paciência.

Ilumina-o com a claridade da tua fé regeneradora.

EMPÓS
Após, depois.

ULTOR
Que ou aquele que vinga; vingador.

ZURZIR
Golpear com chibata, vara etc.; açoitar, chicotear, vergastar.

ANTANHO
Outrora, em épocas passadas.

COMISERAÇÃO
Sentimento de piedade pela infelicidade de outrem; compaixão, miseração.

BAGATELA
Objeto de pouco valor ou inútil.

Tudo isso podes fazer, porque a Doutrina Espírita te ensinou, desde ontem, que irrompeste de um passado sombrio para a madrugada imortalista de bênçãos.

A eternidade por que anseias, sem passado e sem futuro, no entanto, vige no teu coração em cada instante, anulando as sombras e estuando de claridades.

O *clã* Júlia, em Roma, a família Médici, em Florença, as casas Tudor e Stuart, na Grã-Bretanha e o poderio dos Bourbons, em França, fizeram à História um legado de obsessões tormentosas, em família.

Ascendentes perseguidos renasceram nas carnes de descendentes perseguidores.

E em todos eles, como em outros tantos, parentes pela consanguinidade e colaterais estiveram no círculo vicioso e estreito de obsessões irreversíveis e calamitosas.

Ignoravam todos esses infelizes o sublime roteiro do Espiritismo cristão. E ainda hoje, como há pouco, famílias e famílias estão enleadas nas obsessões devastadoras em que se extinguem para recomeçar, rastreando ódios; vinditas há que se consomem em loucuras e aniquilamentos recíprocos, porque não dispõem da *Mensagem Espiritista*, esse clarão estelar, que consubstancializa a verdade, na noite de sombras da consciência pervertida.

Tu tens, porém, no Espiritismo, que restaura o Cristianismo na sua pujança inicial, *O Livro dos Espíritos* e *O Livro dos Médiuns*, esses medicamentos eficazes para todas as enfermidades do Espírito e do corpo, já que aflições têm as suas nascentes no imo do Espírito imortal.

O *livro espírita*, que te liberta da ignorância e da superstição, é o amigo incondicional da tua lucidez, oferecendo-te pão e lume, agasalho e remédio para as horas difíceis de provança da tua jornada atual.

Como o amor, segundo preceituou Jesus, é a alma da vida, e a caridade é a vida da alma, os Espíritos sublimes que vieram corporificar a mensagem cristã na Terra, para a reden-

---

ENLEADO
Que está entrelaçado, enredado.

VINDITA
Reparação de uma ofensa em que o ofendido retruca ao seu ofensor com uma ação ou omissão que lhe traga igual dano; desagravo, desforra, vingança.

IMO
Muito íntimo, muito profundo; interno, recôndito.

PRECEITUAR
Estabelecer (preceito, regra, norma etc.); preceitar.

ção da Humanidade, foram explícitos: o estudo é o libertador do homem, no cadinho difícil das reencarnações dolorosas, porquanto o conhecimento dá-lhe armas para se librar acima de todo o mal e viver todo o amor nas trilhas santificantes da caridade com Jesus.

CADINHO
(Fig.) Local ou instância em que algo (ou alguém) é testado, analisado, constituído ou depurado, submetido a provas ou condições extremas.

LIBRAR
Suspender(-se), pondo(-se) em equilíbrio; equilibrar(-se); sustentar(-se) no ar.

COM DIGNIDADE   13

"(...) O verdadeiro espírita jamais deixará de fazer o bem. Lenir corações aflitos, consolar, acalmar desesperos, operar reformas morais, essa a sua missão. É nisso também que encontrará satisfação real."
L.M. 1ª parte, Cap. III – Item 30.

Queixosos expelem, intermináveis, o amargor das aflições, cultivando-as, no entanto, prazerosamente. Conhecem os meios de libertação do sofrimento e se afervoram à insânia.

Pessimistas espalham fartamente a indigência moral a que se apegam, embora saibam que a esperança agasalhada no imo lhes concederia tranquilidade.

Enfermos insistem na descrição dos males a que se vinculam, apesar de identificarem nominalmente os antídotos para as mazelas que descrevem.

Viciados lamentam a própria "sina", enquanto se firmam nos propósitos da autopiedade sem o menor esforço pela recuperação deles mesmos. Sabem dos métodos curadores, mas prosseguem inveterados.

Inquietos comentam a instabilidade emocional de que são vítimas, solicitando escusas, todavia perseveram na sementeira da irresponsabilidade como se ignorassem os males que praticam.

Mendigos da piedade exibem chagas imaginárias e enredam-se em problemas que estão longe de possuir. Entretanto, podendo seguir a rota da ação enobrecedora, insistem no círculo estreito da infelicidade que engendram.

Outros mais, acalentando viciações mentais diversas, formam a caravana dos cômodos da realização superior, aguardando comiseração e socorro que, no entanto, negam-se a aceitar.

INDIGÊNCIA
Falta de (qualquer coisa); carência, necessidade.

INVETERADO
Que contém arraigado em si, por obra do tempo, determinada maneira de ser, determinado hábito (diz-se de pessoa).

ESCUSA
Desculpa, evasiva, justificação.

Solicitam auxílio dos outros e possuem em si mesmos os recursos necessários para o equilíbrio.

Desejam cooperação sem a ideia de oferecer pelo menos receptividade.

Pedem e não doam sequer a quota mínima de esperança.

São os que aprenderam felicidade pelas vias tormentosas da fraude.

Preferem o parasitismo.

Agradam-se em viver assim, vítimas hipotéticas da vida e da Lei Divina; herdeiros, porém, da preguiça que elegem como nubente ideal.

Estão sempre *contra*, do outro lado, revoltados, quando a migalha da compaixão real de alguém ou da falsa piedade geral não lhes chega à arca da insatisfação.

Acautela-te!

Junto a ele, ajuda em silêncio, sem perda de tempo.

Convivendo ao lado deles, ora em silêncio para não te identificares com a sua vibração.

Fazendo o exame de consciência habitual, corrige as disposições mentais quando amolentadas para te não incorporares à malta deles.

Confunde-se amor, a todo instante, com sentimentalismo injustificável e pretende-se que o Evangelho, apresentando o amor como o excelente filão da vida, seja um valhacouto de caracteres irresponsáveis e espíritos fáceis.

Se assim fosse, seria o mesmo que transformar a ordem do Universo, em nome do amor, ao capricho dos tíbios e dos parvos.

Em passagem alguma da Boa-nova encontramos o Rabi na usança da falsa piedade ou na acomodação com a indolência.

Construtor do Orbe, não pode ser considerado um incipiente.

Administrador da Terra, não poderia ser confundido com um acolhedor de néscios.

Foi, por excelência, a ação dinâmica.

NUBENTE
Aquele que está para se casar; noivo.

MALTA
Conjunto ou reunião de gente de condição inferior.

VALHACOUTO
Lugar seguro onde se encontra refúgio; abrigo, esconderijo.

TÍBIO
Sem força, sem vigor; fraco, frouxo, débil.

PARVO
Diz-se de, ou indivíduo tolo, pouco inteligente, apoucado, atoleimado.

INDOLÊNCIA
Caráter do que revela indiferença, apatia; distanciamento.

NÉSCIO
Que ou aquele que é desprovido de conhecimento(s), de discernimento; estúpido, ignorante.

De atitudes firmes e caráter diamantino, em hora alguma se manifestou como um fraco ou fez a apologia da cobardia.

Se preferiu a morte, fê-lo pelo heroísmo de não chafurdar as coisas elevadas do Espírito indômito com as dissipações do corpo frágil.

Se se deixou conduzir a um julgamento arbitrário, fê-lo para não postergar os direitos de exemplificar o valor da verdade, passando-os a mãos acumpliciadas com a criminalidade.

Se permitiu docilmente a traição de um amigo, teve em mente lecionar vigilância, oração e dignidade, prescrevendo, em silêncio, que sublimação é tarefa pessoal, intransferível.

Se conviveu com a gente dita de "má vida", ensinou, através disso, que as aparências físicas não refletem as realidades básicas da existência...

E em todo instante foi forte: na multidão, em soledade, no aparente triunfo, no abandono aparente; pregando a esperança, sorvendo o vinagre e o fel; no instante supremo, na ressurreição insuperável...

A mensagem que nos legou, ofertou-a vibrante, estoica.

O Evangelho é repositório de força, vitalidade, vida. Vazado em termos de meiguice, mudou a rota dos tempos.

Desvelado, agora, pelos Espíritos imortais, modificará a face do Orbe...

"Reconhece-se o verdadeiro espírita – disse Allan Kardec – pela sua transformação moral, pelos esforços que emprega para domar suas inclinações más".

Imanado ao espírito do Espiritismo, que te liberta da ignorância e das sombras, elevando o padrão moral da tua vida, preserva-o dos que o utilizam com chocarrice e dele se servem como arrimo para esconder as misérias espirituais em que se comprazem.

De referência ao amor, não dês lugar à zombaria e não zombes, não agasalhes superstições nem permitas paralelismos deprimentes, não te concedas leviandades nem perfilhes dis-

---

COBARDIA
(M.q.) Covardia.

CHAFURDAR
Envolver-se em torpezas, em baixezas, em vícios; corromper.

INDÔMITO
Não vencido ou subjugado; indomado.

DISSIPAÇÃO
Desaparecimento, dispersão.

ESTOICO
Que ou aquele que é rígido, firme em seus princípios.

REPOSITÓRIO
Lugar onde se guarda, arquiva, coleciona alguma coisa.

DESVELADO
(Fig.) Que perdeu o sigilo; revelado.

CHOCARRICE
Comentário jocoso, zombeteiro, ger. desrespeitos.

ARRIMO
Indivíduo ou situação que pode servir de auxílio, proteção, apoio afetivo, financeiro etc.

PERFILHAR
Adotar, abraçar (ideia, teoria, princípio etc.).

> **DITOSO**
> Que tem boa dita; venturoso, feliz, afortunado.

sipações alheias, subestimando esse Consolador que enxuga suores e lágrimas, mas que, acima de tudo, prescreve dignidade na luta, inspirada no Herói da Ação Incessante, como normativa segura para a construção de um mundo melhor e de uma Humanidade ditosa.

COMPROMISSO SIGNIFICATIVO 14

> "(...) Por essa meditação dos nossos ensinos é que conhecemos os espíritas verdadeiramente sérios. Não podemos dar esse nome aos que, na realidade, não passam de amadores de comunicações."
>
> L.M. 2ª parte, Cap. XVII – Item 220 (5ª)

Quando as provações se fizeram mais rudes, escasseando nos celeiros íntimos a coragem e a esperança, buscaste o Espiritismo para haurir força nova e descobriste tesouros de abençoada renovação que te felicitaram o Espírito.

Respostas que tardavam chegaram facilmente, equacionando problemas aparentemente insolúveis.

Tranquilidade espontânea dominou os painéis da tua mente, sobrepujando alienações injustificáveis que te ameaçavam a integridade mental.

Alegria pura e simples substituiu os deprimentes estados emocionais que sombreavam as alamedas do pensamento angustiado.

Vitalidade desconhecida retemperou-te o ânimo fazendo-te crer num retorno da juventude.

Ignotas promessas de felicidade enfloresceram naturais, na esfera das tuas aspirações, apagando as densas trevas do pessimismo que te dominava.

Fraternidade jamais experimentada derramou o licor da afeição singela em volta dos teus sentimentos, franqueando o teu círculo de operações com amigos, ontem escassos.

Trabalho agradável e beneficente favoreceu tuas horas, preenchendo as lacunas do tédio que te asfixiava em gases letais.

Planos edificantes começaram a corporificar-se no teu setor de atividades humanas e sociais...

ALAMEDA
Rua (ou caminho) constituída por árvores plantadas em fileiras.

IGNOTO
Que ou o que é desconhecido, não sabido.

RECRUDESCER
Tornar-se mais intenso; exacerbar-se, aumentar.

RESSUMBRAM
(M.q.) Ressumar; (fig.) manifestar(-se) de maneira evidente; revelar-se.

COMENSAL
Diz-se de ou cada um dos que comem juntos.

DILETANTE
Que ou quem pratica uma arte, um ofício etc. como um passatempo, e não como um meio de vida.

LENIR
Tornar mais fácil de suportar; aliviar, lenificar, suavizar.

RETIFICAR
Corrigir; emendar.

TISNAR
Sujar(-se) com mancha ou nódoa; macular(-se), sujar(-se).

Subitamente, porém, as dores voltaram, recrudesceram as dificuldades.

Sitiado pela incompreensão de alguns poucos amigos novos e afligido pelos resgates do pretérito, que ressumbram agora, inadiáveis, contemplas o desmoronar do quanto arquitetaste.

Desejavas que as primeiras impressões do contato com a fé espírita não se desfizessem...

Tudo seguia em ritmo animador.

O sorriso era comensal dos teus lábios, e a esperança se hospedara no teu coração.

Agora sentes novo desencanto.

O Espiritismo, longe de destinar-se a criar uma classe de diletantes da alegria, tem como objetivo moral a reforma íntima do homem.

Toda reforma moral implica esforço titânico e luta demorada.

Os espíritas, por isso mesmo, não são melhores nem piores do que os outros homens. São Espíritos em provas.

O conhecimento do Espiritismo não cria o favoritismo personalista, anulando o valor de cada Espírito em crescimento na esfera de ação a que se afervora.

Ultrapassada a fase inicial do conhecimento doutrinário, o Espiritismo, lenindo as ulcerações do candidato às suas fileiras, explica a função benéfica do sofrimento e as razões fundamentais da reencarnação.

Confere, igualmente, madureza ao Espírito e, à semelhança de pedagogo eficiente, conduz o aprendiz pelas diversas classes do educandário evolutivo, inspirando-o, lecionando sabedoria e vivência cristã.

Retifica o estado de ânimo em que te encontras.

Corrige o raciocínio e reflete com calma.

Ponderação é medida diretiva em qualquer ensejo.

Transferir para os outros as deficiências que nos tisnam os propósitos de alevantamento, representa fuga espetacular ao dever com justificativas sem fundamento.

Aquele que travou contato com as lições do Espiritismo não tem o direito de exigir dos outros nem mesmo o de que é capaz. Compete-lhe melhorar sempre, ajudando sempre.

O repasto espiritista é de qualidade superior e, pois, com o devido respeito, deve ser servido para uma assimilação perfeita.

Mergulha o pensamento e o coração nas lições do Espiritismo libertador e, embora usando a canga necessária para o pagamento dos velhos débitos, afervora-te na continuidade do trabalho a que te ligaste, nele encontrando o cadinho purificador.

O Espiritismo é compromisso significativo que se assume ante a própria consciência.

Recorda que Jesus, em aceitando a oferenda da mulher obsidiada, que buscava renovação, exortou-a ao amor incessante, advertindo-a, no entanto, para que não voltasse a pecar, a fim de que a mensagem que se emboscava no seu atribulado Espírito fulgurasse como luzeiro sublime por onde seguisse, junto a quem estivesse, atestando a excelência do compromisso com a fé santificante.

REPASTO
Pasto abundante.

CANGA
Instrumento de suplício.

CADINHO
(Fig.) Local ou instância em que algo (ou alguém) é testado, analisado, constituído ou depurado, submetido a provas ou condições extremas.

OFERENDA
Coisa que se oferece; presente, dádiva, oferta.

EXORTAR
Dar estímulo a; animar, estimular.

FULGURAR
Emitir ou refletir luz, brilho intenso; luzir, brilhar, resplandecer.

GLÓRIAS E MEDIUNIDADE 15

"Não creias que a faculdade mediúnica seja dada somente para a correção de uma ou duas pessoas, não. O objetivo é mais alto: trata-se da Humanidade. Um médium é um instrumento pouquíssimo importante como indivíduo."
L.M. 2ª parte, Cap. XX – Item 226 (5ª).

Desde tempos imemoriais a competição vem oferecendo aos triunfadores a coroa de glória com que estes se destacam na comunidade.

Glórias da dominação violenta – glória do poder exagerado.

Glórias que se manifestam como bafo venenoso de orgulho desmedido, adornadas de brasões reluzentes, medalhas vistosas e condecorações pomposas.

Glórias que nascem em rios de sangue e glórias que surgem nos espinheiros da calúnia.

Glórias pela posse que se aprisiona em cofres mortos, onde a usura se enfurna acompanhada pela insensatez.

Glórias da perversidade e do crime que permanecem ocultos sob máscaras afiveladas e faces carcomidas pela enfermidade moral.

Glórias do aplauso popular, transitório e enganador, e glórias do destaque social que emurchece sob o sorriso da ilusão.

As academias oferecem as glórias que se cristalizam na prepotência da cultura e na dominação da inteligência.

Os estádios glorificam os seus heróis de um dia.

Glórias e triunfos em todo lugar.

Lauréis aos que sistematizam diretrizes para a vida nos concertos sociais, e triunfos que guardam suas vozes no silêncio cruel das preocupações sem palavras.

Sucessos que, no entanto, não seguem além do túmulo.

AFIVELAR
Seguro, preso ou apertado com fivela.

CARCOMIDO
Que se consumiu; abatido, minado.

LAUREL
Julgamento favorável; elogio, louvor, homenagem.

O cristão não desfruta dos prêmios e das glórias imediatas. Servo do Cristo, no seu Modelo e Guia vê a mais alta expressão do serviço que lhe cabe realizar.

Se te candidatas à mediunidade, no serviço com Jesus, renuncia a quaisquer glórias ou aos enganosos florilégios da existência, porque jornadearás pela senda de espinhos, pés sangrando e mãos feridas, coração azorragado, sem ouvidos que escutem e entendam os teus apelos mudos...

Solidão e abandono, muitas vezes, para que o exercício do dever enfloresça o amor no teu coração em favor dos abandonados e solitários.

Apostolado de silêncio, culto do dever, autoconhecimento – eis o caminho da glória mediúnica, através de cuja senda encontrarás, no país da alma encarnada, os sentimentos puros que te oferecerão os filtros para o registro da Mensagem de Vida eterna, com que o Mestre Divino, de braços abertos, traduzirá aos teus ouvidos a glória da consciência reta, consoante o ensino do apóstolo dos gentios, na 2ª Epístola aos Gentios, Capítulo 1º e versículo 12.

> FLORILÉGIO
> Coleção de flores.

> AZORRAGAR
> Fustigar, açoitar com azorrague.

NA SEARA MEDIÚNICA   16

"Todas as imperfeições morais são outras tantas portas abertas ao acesso dos maus Espíritos. A que, porém, eles exploram com mais habilidade é o orgulho, porque é a que a criatura menos confessa a si mesma. O orgulho tem perdido muitos médiuns dotados das mais belas faculdades e que, se não fora essa imperfeição, teriam podido tornar-se instrumentos notáveis e muito úteis, ao passo que, presas de Espíritos mentirosos, suas faculdades, depois de se haverem pervertido, aniquilaram-se e mais de um se viu humilhado por amaríssimas decepções."

L.M. 2ª parte, Cap. XX – Item 228.

Sim, gostarias de contribuir.

Almejas cooperar na seara dos médiuns e com satisfação nomeias os dons de que eles são investidos.

Este vê as Entidades angélicas e deslumbra-se com a percepção visual dilatada.

Esse ouve as mensagens transcendentes e renova-se para as tarefas difíceis da existência.

Essoutro incorpora instrutores lúcidos e transforma a boca em instrumento sublime de orientação e consolo.

Aquele escreve em circunstâncias especiais, e as mãos se convertem em raios de luz a esparzirem páginas sublimes.

Aqueloutro aplica recursos magnéticos, e a saúde escorre pelos seus dedos revigorando a todos.

Outro mais, inspirado pelas altas potestades, injeta alento novo nos corações, traçando roteiros abençoados para o mundo.

Mais outros e outros tantos materializam, levitam, desdobram-se, realizam intervenções cirúrgicas em pleno transe, construindo a fé nos corações...

Assim pensas, assim crês.

Mas não são exatas as tuas conclusões.

Muitos beneficiários da mediunidade desertam da seara do dever.

Mediunidade não é apenas campo experimental com laboratório de fórmulas mágicas. É solo de serviço edificante, tendo por base de trabalho o sacrifício e a renúncia pessoal.

Médiuns prodígios sempre os houve na Humanidade. Também passaram inúteis como aves de bela plumagem que o tempo destruiu e desconsiderou.

Com o Espiritismo, que fez renascer o Cristianismo puro, somos informados da mediunidade-serviço santificante e com essa bênção descobrimos a honra de ajudar.

Não te empolgues apenas com as notícias dos Mundos felizes.

Há muita dor em volta de ti, e, até atingires as Esferas sublimes, há muito que fazer.

Almas doentes, em ambos os planos, enxameiam em volta da mediunidade.

Dedicando-te à seara mediúnica, não esqueças de que todos os começos são difíceis e de que a visão colorida e bela somente surge, em toda a sua grandeza, aos olhos que se acostumaram às paisagens aflitivas onde o sofrimento fez morada...

Para que os mentores espirituais possam utilizar-te mais firmemente, faz-se necessário conhecer tua capacidade de serviço em favor dos semelhantes.

Antes de pretenderes ser instrumento dos desencarnados, acostuma-te a ser portador da luz clara da esperança onde estejas, e com quem estejas, para que ela, em se apagando no teu archote, não se faça "sombra na sombra".

PRODÍGIO
Pessoa que apresenta alguma habilidade ou talento fora do comum; portento.

ENXAMEAR
Existir ou andar em grande número; pulular, fervilhar, formigar.

ARCHOTE
Grande vela de cera; tocha.

OBSESSORES 17

> *"A obsessão apresenta caracteres diversos, que é preciso distinguir e que resultam do grau do constrangimento e da natureza dos efeitos que produz. A palavra obsessão é, de certo modo, um termo genérico, pelo qual se designa esta espécie de fenômeno, cujas principais variedades são: a* obsessão simples, a fascinação e a subjugação.
>
> L.M. 2ª parte, Cap. XXIII – Item 237.

Efetivamente há muitos tipos de obsessores, inumeráveis formas de obsessão.

Não somente pela constrição violenta de um desencarnado sobre outro encarnado.

Não apenas provocada pelos habitantes da Erraticidade.

Obsessor, em bom vernáculo, é todo aquele que causa obsessão, que perturba, que inquieta.

O amor pervertido é *obsessor* impiedoso.

A maledicência contumaz é *corrosivo* aniquilante.

O egoísmo vigoroso é *verdugo* cruel.

A impiedade treda é *inimigo* fementido.

O despotismo inexorável é *companheiro* da loucura.

A revolta permanente é *sequaz* da morte.

O ódio ominoso é *precito* infeliz.

A avareza mesquinha é *algoz* hórrido.

O vício de qualquer natureza é *comparsa* mefítico.

A fraqueza moral é *vassalo* da destruição.

Obsessão por dinheiro.

Fascinação pelo sexo.

Subjugação ao prazer.

Loucura pela posse.

Muitos pensamentos cruzam o éter, na esfera dos homens, estabelecendo contato entre pessoas encarnadas em processos de terrível obsessão.

CONSTRIÇÃO
(M.q.) Constrangimento.

VERNÁCULO
Diz-se de linguagem correta, sem estrangeirismos na pronúncia, vocabulário ou construções sintáticas; castiço.

CONTUMAZ
Que ou o que é obstinado, insistente.

VERDUGO
Carrasco, algoz.

TREDO
Que trai a confiança de outrem; traidor, traiçoeiro.

FEMENTIDO
Que é desleal; enganoso, falso.

DESPOTISMO
Poder isolado, arbitrário e absoluto de um déspota.

SEQUAZ
Parceiro de criminoso; capanga.

OMINOSO
Que inspira aversão, ódio; abominável, detestável, execrável.

PRECITO
Que ou aquele que foi objeto de maldição; probo, condenado, maldito.

ESCANINHO Lugar oculto, recôndito; recanto.	
CONLUIO Cumplicidade para prejudicar terceiro(s); colusão, trama.	
CIMO A parte superior de uma coisa que tem maior altura do que comprimento ou largura; a parte de cima; alto, topo.	
ILIBADO Não tocado; sem mancha; puro.	
ALVÍSSARAS Exclamação us. para pedir prêmio ou recompensa por boa notícia trazida.	
ENTENEBRECIDO Coberto de trevas.	
BAGA Fruto simples, carnoso, indeiscente, freq. comestível, com um ou mais carpelos e sementes (p.ex., tomate, uva, mamão, goiaba etc.).	
EXÓRDIO O que vem no começo; origem, princípio.	
CABEDAL Conjunto de bens e riquezas materiais.	

Ideias fixas que ressumbram dos escaninhos da consciência culpada de ontem supliciam e azorragam, enredando outros comensais do sofrimento em conluios nefandos, de libertação problemática.

Permutas psíquicas em forma de viciação dão vida a larvas e formas mentais lamentáveis, que intercambiam alimentadas por *ondas-pensamento* poderosas...

E, além destas, as obsessões geradas pelos Espíritos desnudados da carne aumentam os problemas afligentes que fazem parte da agenda dos homens, dando largas à alienação que campeia desenfreada.

Há, no entanto, na Doutrina Espírita, antídotos valiosos para quaisquer modalidades obsessivas, para todos os obsessores.

Ao apelo do Cristo, o discípulo encontra as armas necessárias para enfrentar os embates da via redentora.

A prece é armadura indestrutível.

O amor desinteressado, nas suas manifestações fraternas, converte os braços em asas da caridade para o voo aos *cimos da vida*.

A paciência oferece medicamento eficaz.

E o conhecimento das verdades espirituais enseja robustez de ânimo e fé, conduta ilibada e renovação para o bem, que servem de base à saúde e ao comportamento cristão e salvador.

Exemplifica, pois, sempre e a cada instante, o conhecimento espírita, que borda o teu Espírito de alegrias ante as alvíssaras da felicidade perfeita.

Espiritismo é também tratado de sublimação do Espírito.

Modesto ato de humildade, projeta luz estelar nas sombras de mentes entenebrecidas que te espreitam.

Singelo gesto de amor, representa baga de esperança aos que têm fome de compreensão.

Não menosprezes as migalhas cristãs que são exórdios do teu futuro cabedal de ações santificantes.

Minúsculo pólen, é agente da vida.

Humilde gota de essência, esparze aroma em derredor.

Se pretendes a montanha altaneira, começa a ascensão pela base, acostumando-te lentamente às alturas.

Escuta a voz do sofrimento nos corações alheios e não negues a tua escudela de bondade cheia de entendimento.

O Mestre, antes de alçar-se à glória estelar, lecionou, utilizando um grão de mostarda, uma insignificante moeda, uma figueira estéril, uma ovelha desgarrada... Escutou, paciente, os problemas corriqueiros que afligiam o povo e revelou-lhes terapêutica precisa para os diversos males... Verberou, inconcusso, os abusos de toda natureza e o crime; no entanto, sempre magnânimo, não separou a cordura da energia nem a bondade do amor. Sábio e humilde, silenciou no Pretório a própria defesa, todavia erguera muitas vezes a voz para instruir o fraco e oprimido, clareando as mentes e os corações com a luz dos Seus ensinos libertadores de obsessão e obsessores, fazendo-nos o precioso legado de uma Doutrina de ação sem florilégios verbais ou inflamada retórica vazia...

ALTANEIRO
Que se eleva muito, que permanece em grande altura.

ESCUDELA
Vasilha de madeira pouco funda, ger. arredondada, própria para comida.

VERBERAR
Expressar enérgica censura a respeito de (alguém ou algo); reprovar, repreender, criticar.

INCONCUSSO
Que se revela inabalável; que está fortemente estabelecido (bairrismo inconcusso).

PRETÓRIO
O tribunal do pretor.

FLORILÉGIO
Coleção de flores escolhidas.

SINCERIDADE   18

"(...) Aliás, não é de bom aviso atacar bruscamente os preconceitos. Esse é o melhor meio de não se ser ouvido. Por essa razão é que os Espíritos muitas vezes falam no sentido da opinião dos que os ouvem: é para os trazer pouco a pouco à verdade. Apropriam sua linguagem às pessoas, como tu mesmo farás, se fores um orador mais ou menos hábil."
L.M. 2ª parte, Cap. XXVII – Item 301 (3ª).

Em nome da verdade, não apliques a palavra contundente sobre a fraqueza daqueles que caminham desequilibrados ao teu lado.

A pretexto de servir à causa do bem, não derrames espinhos pela senda onde segue teu próximo, tentando, dessa forma, ser coerente com as próprias convicções.

Falando em nome do ideal que esposas, evita a exposição petulante dos conhecimentos que um dia te conferiram; apresenta-os aos ouvintes com a simplicidade que agrada e sem a pretensão de emitires o último conceito.

Justificando a tua maneira sadia de viver, não te faças desagradável companhia, usando, indiscriminadamente, a palavra ferina e o argumento intolerante, a expressão deprimente e a frase impiedosa em relação àqueles que ainda não podem seguir-te os passos.

Procurando libertar a tua alma do erro, não intentes escravizar aos teus caprichos de pensamento quantos não têm possibilidade de voar contigo na amplidão do conhecimento.

Nas observações que fazes, não te esqueças de que nem todos os seres se encontram preparados para ouvir-te as repreensões, mesmo quando coroadas das melhores intenções.

Procurando ajudar, não te detenhas apenas na descoberta da ferida; utiliza-se do singelo chumaço do algodão e cobre a enfermidade com medicação balsâmica.

ESPOSAR
Tomar a seu cuidado; assumir.

CHUMAÇO
Material us. para acolchoar qualquer coisa forrada de tecido; estofo.

BALSÂMICO
Que reanima, que conforta.

Não te esqueças de que a verdade, semelhante à moral, penetra, lentamente, acendendo luzes na escuridão e vencendo trevas sem precipitação em gritos, generalizando-se, poderosa.

Muitas vezes se serve melhor à verdade calando a palavra ofensiva e constrangente que jamais edifica.

Saber e silenciar, receber e guardar, ouvir e reter são manifestações que contribuem mais para a campanha de esclarecimento do que expor a verdade, aos gritos, junto às almas que não se encontram preparadas para a renovação.

Sinceridade!...

Quantas vezes em teu nome se destrói, esmaga-se, desanima-se e persegue-se, acreditando servir à honra e ao bem.

Por isso mesmo, lavra teu campo, meu irmão, semeia a bondade e a luz e, sendo sincero para contigo mesmo, serve ao ideal do Cristo na Humanidade inteira, ajudando, sem cessar, a quantos caminham pelas tuas veredas.

Não será isto, porventura, o que Jesus faz conosco?

VEREDA
Caminho estreito, senda, sendeiro.

RECOLHERÁS COMO PEDIRES   19

"(...) Numa palavra, qualquer que seja o caráter de uma reunião, haverá sempre Espíritos dispostos a secundar as tendências dos que a componham".
L.M. 2ª parte, Cap. XXIX – Item 327.

Na abençoada Obra de Nosso Pai, tudo são trocas.

Receberás sempre consoante requereres.

Desvairado, se te atiras ao coração querido, ferindo-lhe a sensibilidade, obterás somente repreenda nascida no desgosto.

Inquieto, se buscas paz, afligindo os que te cercam no lar, recolherás azedume e animosidade.

Combalido, se procuras repouso, exigindo acomodação dos outros, receberás apenas repulsa e antagonismo.

Isto porque, a resposta procede dos termos da petição, de acordo com o merecimento da apresentação.

Não te esqueças, entretanto, que o coração magoado é constrangido à aflição, os familiares atormentados escondem-se no desencanto e os outros, atacados por exigências, reagem, naturalmente.

Respeita a mão distendida ao alcance da tua mão e recebe-lhe a oferenda.

Nem ameaces o equilíbrio de quem se inclina a auxiliar-te.

Nem avances exigente para quem estugou o passo na caminhada, ao ouvir-te o apelo.

Aflição projetada traduz aflição que retornará.

Aversão espalhada pressagia antipatia para colheita futura.

Se desejas aspirar o aroma do amor, libertando-te das dificuldades pessoais com o auxílio alheio, não expresses

---

COMBALIDO
Que se combaliu; fisicamente abalado, enfraquecido.

ANTAGONISMO
Forte oposição de ideias, sistemas, grupos sociais etc.; incompatibilidade, rivalidade.

PETIÇÃO
Ato de pedir.

ESTUGAR
Caminhar rapidamente, aumentando as passadas.

confiança sob impropérios nem segurança de fé com chuvas de irritabilidade.

Favorece os meios simples para o trabalho eficiente, e a obra crescerá em torno da tua planificação.

Ajuda para que te ajudem.

Ilumina para que te iluminem.

Coopera, servindo, para que a inteligência ambiciosa não estiole a expressão do coração necessitado.

Pergunta, esclarecendo, para que a inutilidade não te assinale a vida.

Fortalece o digno ideal da produção para que a produtividade te enriqueça.

Entende as dificuldades do próximo a fim de que ele te entenda, igualmente, a dificuldade.

Em qualquer dificuldade, recorda o poder da oração e roga inspiração ao Céu, realizando sempre o melhor para que o melhor se faça em ti e através de ti, sem olvidares que todo apelo encontra resposta, consoante o merecimento de quem pede e a forma como pede.

CONVERSAÇÕES DOENTIAS 20

"(...)Os médiuns obsidiados, que se recusam a reconhecer que o são, se assemelham a esses doentes que se iludem sobre a própria enfermidade e se perdem, por se não submeterem a um regime salutar".
L.M. 2ª parte, Cap. XXIX – Item 329.

Semelhante a carro de lixo que espalha emanação morbífica por onde passa, as conversações doentias assinalam os roteiros por onde seguem.

Quando se instalam, destroem o domicílio da paz, e a suspeita se aloja, vitoriosa, atormentando, implacável.

Como gás de fácil expansão, o tóxico da informação menos digna se expande, asfixiando esperanças e matando aspirações superiores.

Por onde passa, a conversação infeliz gera a hipocrisia, desenvolvendo uma atmosfera antifraterna em que assenta suas afirmações.

A má palestra nada poupa. Facilmente se dissolve em ácido calunioso ou brasa acusadora; atinge corações honestos e enlameia famílias enobrecidas pelo trabalho; deslustra uma existência honrada com uma frase, atirando ignomínia e desdouro; estimula a mentira, que se transforma em injúria, fomentando crime e loucura.

Nutrida pela ociosidade, a conversação insidiosa é mãe da corrupção moral.

Se os ensinos edificantes tentam exaltar a dignidade e o dever, oferecendo campo à verdade e ao brio, o veneno da informação descaridosa aparece pretextando ingenuidade e destrói, impiedoso, a cultura da dignidade.

MORBÍFICO
(M.q.) Morbígeno; capaz de gerar doença(s), que origina, que causa doença(s).

IGNOMÍNIA
Grande desonra infligida por um julgamento público; degradação social; opróbrio.

DESDOURO
(Fig.) Ausência de consideração, crédito, honra; descrédito, desonra, mácula.

INSIDIOSO
Que arma insídias; que prepara ciladas; enganador, traiçoeiro, pérfido.

BRIO
Sentimento de honra, dignidade, valor; amor-próprio.

> **PÉRFIDO**
> Que falta à fé jurada; desleal, traidor.

Surge, aparentemente inofensiva, numa frase pérfida para alastrar-se virulenta numa colheita de fel.

Aparece, sorrateira, para imiscuir-se desabridamente onde não é esperada, induzindo quantos lhe dão ouvidos à infâmia e ao ódio...

> **VIRULENTO**
> Que tem capacidade de se multiplicar num organismo, provocando doença.

É imprescindível fiscalizar-lhe as nascentes.

O cristão não lhe pode ser complacente. Rigoroso no respeito aos ausentes, deve vigiar as entradas da mente e as "saídas do coração".

> **DESABRIDAMENTE**
> De um modo que é sentido como demonstração de insolência e/ou violência de caráter; que é fisicamente sentido como desagradável, não ameno; áspero, rude.

Cultor da bondade, não compactua com as informações aviltantes, devendo eliminar do próprio vocabulário as expressões dúbias de significação humilhante.

Fiscaliza, atento, cada dia, as informações que te chegam ao coração. Se te conduzem vinagre sobre a honra alheia e apresentam as feridas dos outros à tua observação, procura os recursos da oração e da piedade, e sempre disporás de bens para não caíres no fascínio negativo das sugestões do mal, renovando todas as expressões com a mente em Jesus.

> **CULTOR**
> (M.q.) Cultivador ('que ou o que cultiva', 'que ou o que trabalha').

O apóstolo Paulo, advertindo aos coríntios, prescrevia na primeira carta aos companheiros de ministério, conforme se lê no capítulo 15, versículo 33: "Não vos enganeis: as más palavras corrompem os bons costumes".

> **AVILTANTE**
> Que avilta, que desonra, que humilha; aviltador, aviltoso.

As conversações doentias são ácidos nos lábios da vida, queimando a esperança em todo lugar. E os que se entregam a tais palestras são "obsidiados que se recusam a reconhecer que o são, e se assemelham a esses doentes que se iludem sobre a própria enfermidade e se perdem, por se não submeterem a um regime salutar".

> **DÚBIO**
> Sujeito a diferentes interpretações; ambíguo.

EXAME

21

"(...) Não basta crer; é preciso, sobretudo, dar exemplos de bondade, de tolerância e de desinteresse, sem o que estéril será a vossa fé."
L.M. 2ª parte, Cap. XXXI – Item I – Santo Agostinho.

Aprofundar a mente na investigação minuciosa das deficiências alheias, mesmo com o propósito aparente de ajudar, seria como derramar precioso bálsamo sobre pântano infeliz com a intenção de saneá-lo, ou jogar ácido cruel sobre feridas que demoram a cicatrizar com o pretexto de eliminar o foco infeccioso...

Não convertas a tua caridade mental em sombras densas para que não tropeces em escolhos.

Podes movimentar o tesouro psíquico para reorganizar o equilíbrio sem o impositivo de ampliar a infelicidade, tornando-a conhecida.

Não transformes a visão em instrumento de observação impiedosa. Nem movimentes o verbo como quem aciona látego cortante, desencadeando sofrimento.

Exalta a oportunidade de cultivar a esperança.

Difunde a excelência do otimismo.

Distende a alegria junto àqueles que a tristeza venceu.

Louva as mensagens da fé operante ao lado do amigo que caiu fragorosamente.

Acena a todos com novas possibilidades de refazimento no bem, demonstrando ânimo sereno e robusto.

Supera a tentação de inquirir muito para compreender, desdobrando o trabalho que renova e restaura.

Descobre o lado melhor do infeliz e faze o melhor.

ESCOLHO
(Fig.) Obstáculo, óbice, perigo.

LÁTEGO
Correia ou corda própria para açoitar; chicote, açoite, azorrague.

FRAGOROSO
Que causa estrondo, que tem forte repercussão.

E se notares que tudo indica insucesso do teu empreendimento, agigantando-se o mal, apela para a Espiritualidade superior e transforma-te em viva mensagem de amor, desdobrando a bondade de Jesus Cristo, sem aguardares de imediato o êxito que te não pertence.

Quando não puderes fazer o bem, pensa nele.

A noite, para não ser triste, veste-se de estrelas.

O espinheiro atormentado, em silêncio, adorna-se de flores.

E com o que tiveres exalta a alegria, embelezando a vida.

Nunca reclames ante a fraqueza dos outros nem examines o erro do próximo com azedume, mesmo porque, em te voltando contra eles, é necessário examinar, no recesso íntimo, quanto tens sido malsucedido e, se em lugar desses companheiros, não estarias complicando a própria aflição, fazendo o que eles realizam com dificuldade, de maneira pior e mais infeliz.

PENSA ANTES   22

"Se Deus envia os Espíritos a instruir os homens, é para que estes se esclareçam sobre seus deveres, é para lhes mostrar o caminho por onde poderão abreviar suas provas e, conseguintemente, apressar o seu progresso."
L.M. 2ª parte. Cap. XXXI – Item IV (Um Espírito familiar).

Quando se libertará o homem da aflição? Quando começará a aurora da sua redenção triunfante? Como fazer?

São perguntas que, diariamente, ocorrem a muitos companheiros do caminho humano.

Em todo lugar, assistimos às convulsões do sofrimento castigando os corações.

Lágrimas de saudade e dor sob pesados fardos.

Prantos nascidos na inquietação da soledade, dilacerando esperanças.

Fome e abandono embaraçando os passos.

Enfermidade e limitação produzindo duradouros sinais de desespero...

No entanto, desde há muito, com o Evangelho de Jesus, surgiu a madrugada feliz para o Espírito humano.

Essas horas de amargura pertencem às criaturas embrulhadas nos mantos sombrios da "morte".

Para os que já podem enxergar os clarões do Céu nas brumas da Terra, a amargura é apenas acidente do caminho.

Com o suave Rabi nasceu a oportunidade feliz para a realização da paz interior e, consequentemente, para a libertação das almas.

É necessário desfazer os laços que atam o homem aos pesados fardos, libertando o Espírito para a realização dos elevados princípios no mundo interior.

PRANTO
Ato de chorar; choro; ato de lastimar-se; queixa, lamentação.

SOLEDADE
Estado de quem está ou se sente só; solidão.

BRUMA
O que não é claro ou impede de ver ou de compreender algo com clareza.

Que ninguém se demore nas mentirosas colônias de repouso a que aspira!

Muitas lutas se desdobrarão ainda antes que se possa descansar.

Milênios de treva demoram-se na esteira do "já feito".

É indispensável caminhar, avançando sempre.

Nesse mister são importantes a tarefa sacrificial e a contribuição aparentemente desvaliosa.

Todavia, é imperioso uma resolução robusta para poupar uma desistência danosa.

O agricultor inteligente, antes da sementeira, estuda as possibilidades do solo.

O artífice hábil precede o trabalho de um exame dos recursos de que dispõe para a execução da obra.

O professor capaz antecede as aulas com testes de capacidade para melhor seleção e aproveitamento dos alunos.

O arquiteto prudente visita o terreno e estuda-o, em gráficos, para apresentar depois os projetos da construção.

Ninguém se candidata às tarefas maiores sem a experiência dos serviços menores.

Nada se pode realizar em profundidade sem os cuidados que se impõem como essenciais.

Nos processos evolutivos da alma encarnada a intenção precede a ação, e o amadurecimento das ideias dispõe o ser para a difícil operação do renascimento íntimo.

Importa, portanto, trabalhar sem esmorecimento, recordando que, de há muito o Senhor nos aguarda, precedendo-nos os impulsos de renovação com o próprio sacrifício.

Busca iluminar-te com a mensagem do Seu exemplo, fixando-Lhe os ensinamentos nos recessos do ser, partilhando as lutas e gastando o corpo na faina de produzir e realizar para te tornares digno de, com o Mestre, renascer de coração livre.

ARTÍFICE
Aquele que inventa, cria alguma coisa; autor.

ESMORECIMENTO
Qualidade daquele que desanima; abandono, desalento.

FAINA
(Fig.) Qualquer trabalho árduo que se estende por muito tempo.

TESOUROS DE AMOR   23

"O verdadeiro Espiritismo tem por divisa benevolência e caridade. *Não admite qualquer rivalidade, a não ser a do bem que todos podem fazer."*
L.M. 2ª parte, Cap. XXXI – Item XXII – (Fénelon).

À medida que o tecnicismo modifica a face da Terra, imprimindo um glorioso período, fenecem altas expressões dos sentimentos, no âmago das afeições humanas.

Aqui, a indústria do "presente" asfixia os nobres impulsos, tudo reduzindo ao mercantilismo, em que o amor pode ser valorizado pelo preço da mercadoria.

Ali, as paredes do cronômetro apertam as ruas da amizade e os atos de entendimento fraterno se reduzem a uma palavra, contendo significados de ocasião.

Mais além, a cobiça e o empreguismo assassinam as manifestações da ordem, e em nome do progresso inutilizam homens que se desdobram exaustivamente ou se paralisam, lamentavelmente, no comodismo.

Ninguém pode perder a ocasião no jogo social.

Não se dispõe de tempo para "sentimentalismos".

Os simulacros de amor e respeito, consideração e reconhecimento são encontrados nas salas modernas dos "magazines" que se encarregam de encaminhá-los protocolarmente ao preço de uma taxa simples...

Todo sentimento que se deseja exteriorizar depende do dinheiro.

O dinheiro, que é servo, se faz algoz e, sendo fonte de crescimento social, se converte em implacável azorrague que deprecia a Humanidade.

FENECER
Tornar-se extinto; acabar, terminar.

ÂMAGO
(Fig.) A parte mais íntima ou fundamental; essência.

SIMULACRO
Falso aspecto, aparência enganosa.

AZORRAGUE
Padecimento moral; punição, flagelo.

Há, no entanto, outros meios de expressar o canto de ternura da alma nas taças reluzentes da afeição.

Tesouros de amor, sim, todos temos para ofertar.

Um singelo cartão manuscrito é verdadeira gema preciosa dirigida a um ser querido.

Uma frase assinalada pela música da esperança pode ser considerada um adereço delicado a quem merece carinho.

Duas palavras de cordialidade numa visita pessoal oferecem calor humano a quem se estima e está a sós.

Uma oração em conjunto, ao lado de um leito onde sofre uma afeição fraternal, é oferenda valiosa e especial...

(...) E o sorriso gentil, o pensamento generoso, o aperto de mão cordial, a atenção dispensada numa palestra, o silêncio discreto, a postura educada são, igualmente, presentes que transcendem as aquisições lojistas que têm o sabor puro e simples de "dever social".

Não te deixes corromper na tempestade louca do tempo "sem tempo".

Sempre podes fazer algo pessoal, intransferível, assinalado pela vibração da tua emotividade.

Na tarefa espírita em que respiras, honrado, aplica esses tesouros na destruição da sementeira negativa.

Respeita o ausente.

Perdoa o ofensor.

Seja tua a dádiva da abnegação.

Faze o trabalho que outros desconsideram.

Ora pelo ingrato.

Sê mais generoso com o exigente...

A ventura do Céu começa no piso onde repousa a escada de ascensão espiritual.

Nos detritos, oculta-se a vitalidade para o vegetal...

Honrado na casa de Simão pela mesa farta e a presença de homens de destaque, o Senhor deixou-se comover pelas lágrimas da mulher sofredora que Lhe banhavam os pés, enquanto os en-

---

VENTURA
Boa sorte, fortuna favorável, dita, felicidade.

DETRITO
Resíduo, resto de alguma substância.

xugava com os cabelos. Era o único tesouro ali que não custara moedas, refletindo, em toda a sua grandeza, o arrependimento do erro e a sede de amor.

JESUS E O MUNDO   24

"Aquele que se identifica com a vida futura assemelha-se ao rico que perde sem emoção uma pequena soma. Aquele cujos pensamentos se concentram na vida terrestre assemelha-se ao pobre que perde tudo o que possui e se desespera."
E. Cap. II – Item 6.

Muitos cristãos-espíritas afervorados às questões imediatas, às quais sentem dificuldades em renunciar, procuram justificar suas atitudes fundamentando-as em bases falsas.

Informam-se vinculados ao Espírito do Cristo, todavia...

Gozam, porque o prazer faz parte da vida.

Usurpam, tendo em vista ser a Terra um ninho próprio aos que se nutrem à custa dos menos hábeis.

Exploram, para evitar serem explorados.

Mentem, tendo em vista os fatores circunstanciais.

Enganam, a fim de sobreviverem.

Lutam com todas as armas, já que outros são adversários insidiosos...

Não veem mal algum "nisto" ou "naquilo" e definem o espírita como alguém que não tem necessidade de abandonar ou fugir do mundo...

Ajustam a expressão *racional* ao vocábulo *astúcia* e ridicularizam o verbete *místico* como se ele identificasse indignidade.

Pensam no Céu e querem a Terra a qualquer custo.

Tentam conciliação entre Deus e César ao bel-prazer, tirando o melhor proveito para o corpo e a emoção que se desvaira, longe do equilíbrio da mente e da renovação do Espírito.

"Viver no mundo sem ser do mundo" – eis a questão.

USURPAR
Apossar-se de ou tomar (algo) pela força ou sem direito.

INSIDIOSO
Que prepara ciladas; enganador, traiçoeiro, pérfido.

VOCÁBULO
(M.q.) Palavra.

ASTÚCIA
Habilidade para não se deixar enganar e para negociar com vantagens; esperteza, manha, sagacidade.

DESVAIRAR
Fazer cair ou cair em desvario ou alucinação.

> **GREI**
> Povo, partido, sociedade.

> **DESATINAR**
> Fazer perder ou perder o tino, o juízo, a razão.

> **HODIERNO**
> Que existe ou ocorre atualmente; atual, moderno, dos dias de hoje.

> **SAZONADO**
> Pronto para ser colhido e/ou comido; assazonado, maduro.

> **PRESCINDIR**
> Pôr de parte (algo); renunciar a, dispensar; abstrair.

> **ENTREMENTES**
> Nesse ou naquele espaço de tempo; entretanto, nesse ínterim, nesse meio-tempo.

> **JAEZ**
> Natureza ou qualidade fundamental; tipo específico; conjunto de traços ou características.

> **ETIMOLÓGICO**
> Referente à etimologia (estudo da origem e da evolução das palavras).

Aplicar o instrumento do sexo na construção da família, facultando a santificante tarefa da reencarnação às Entidades da própria grei espiritual, a quem se vinculou no passado por créditos ou débitos seguros. O sexo é abençoada porta para a felicidade, no entanto, evitar viver para o sexo, considerando os abismos de crime e sombra que com ele se identificam, quando desatina.

Utilizar o dinheiro na execução dos deveres normais, consolidando a alegria na esfera das obrigações próximas e dilatando-o na prática do bem geral, em forma de agasalho, teto, alimento, remédio e segurança para outros Espíritos colhidos pelas rudes provações. O dinheiro é veículo de bênçãos. Todavia, poupar-se a viver para o dinheiro, que se faz verdugo de quem a ele se ata, favorecendo imprevisíveis consequências.

Motivar o ideal com os estímulos da vida hodierna para que o trabalho se enriqueça de frutos sazonados, edificando para a alegria geral do domicílio da esperança e o abrigo da paz. Não esperar, no entanto, as motivações fortes da vaidade e do orgulho para criar e agir. A motivação que estimula faculta o exercício do bem, mas o estímulo que não prescinde de motivos fortes se converte em degeneração por processo danoso.

Cultiva a beleza como expressão de sensibilidade em expansão, favorecendo o asseio e a higiene, o bom gosto e a distinção. Entrementes, viver para cuidar de adornos deste ou daquele jaez é desrespeito à vida, em flagrante atentado às Leis da harmonia universal.

Não são as coisas em si boas ou más.

Não é o mundo no sentido etimológico.

É o que fazemos com as coisas do mundo e o *como* vivemos no mundo que importa considerar.

O sexo não é nobre nem degradante.

O dinheiro não é amigo nem adversário.

A motivação não é necessária nem supérflua.

A beleza não é glória nem castigo.

O uso que lhes damos se encarrega de transformá-los em escada de acesso ou rampa de degredo.

A cocaína, de tão positivos resultados terapêuticos, por degradação dos costumes é responsável por crimes hediondos.

O átomo aplicado na paz, na movimentação do progresso da Humanidade, é arma ameaçadora em mãos despóticas, que já vitimou mais de uma centena de milhar de vidas.

A palavra, que ergue impérios, tem levado civilizações ao caos...

Viver no mundo entre as contingências do mundo, mas "pensar nas coisas do Alto" e agir consoante os impositivos da Vida imperecível.

Aos que pretendem considerar impossível a vida sem os atos esconsos, orgíacos e loucos, tentando conciliar Jesus e o mundo numa aliança utopista, recordamos os que edificaram o Cristianismo nos corações depois do Senhor, com dignidade, e focalizamos o próprio Amigo Celeste que, possuindo o mundo, por tê-lo criado, viveu, entre nós, no mundo e junto às suas tentações, para legar-nos, intemerato, a certeza de que para chegar à paz real é necessário, no mundo, tomar a cruz, depô-la sobre os ombros e segui-lO.

DEGREDO
Afastamento, voluntário ou não, de um determinado meio, contexto ou ambiente.

HEDIONDO
Que apresenta deformidade; que causa horror; repulsivo, horrível.

CONTINGÊNCIA
Fato imprevisível ou fortuito que escapa ao controle; eventualidade.

ESCONSO
Que não está à vista de ninguém; escondido, oculto.

INTEMERATO
Não corrompido, sem mácula; íntegro, puro, incorrupto.

ESPIRITISMO NO LAR 25

"(...)Deus permite que, nas famílias, ocorram essas encarnações de Espíritos antipáticos ou estranhos, com o duplo objetivo de servir de prova para uns e, para outros, de meio de progresso."
E. Cap. IV – Item 19.

Todos sabemos valorizar o benefício de um copo d'água fria ou de uma ampola de injetável tranquilizante, ofertados num momento de grande aflição.

Reconhecemos a bênção do alfabeto que nos descortina as belezas do conhecimento universal e bendizemos quem no-lo imprimiu nos recessos da mente.

Mantemos no carinho do Espírito aqueles que nos ajudaram nos primeiros dias da reencarnação, oferecendo-nos amparo e amamentação.

Somos reconhecidos àqueles que nos nortearam em cada hora de dúvida e não esquecemos o coração que nos agasalhou nos instantes difíceis do caminho renovador...

Muitos há, no entanto, que desdenham e esquecem todos os benefícios que recebem durante a vida...

Há um inestimável benefício que te enriquece a existência na Terra: o conhecimento espírita.

Esse é guia dos teus passos, luz nas tuas sombras e pão na mesa das tuas necessidades.

Poucas vezes, porém, pensaste nisso.

Recebeste com o Espiritismo a clara manhã da alegria, quando carregavas noite nos painéis mentais, e segues confiante, de passo firme, com ele a conduzir-te qual mãe desvelada e fiel.

Se o amas, não o detenhas apenas em ti.

AMPOLA
Pequeno tubo fechado, de vidro ou plástico, us. para conter líquido (ger. para injeção).

DESDENHAR
Considerar ou tratar (alguém ou algo) com desprezo ou desamor; desprezar.

CALDEAR
Fundir(-se), misturar(-se), amalgamar(-se) [com], formando novo elemento ou conjunto híbrido.

LAMPEJAR
Clarão ou brilho momentâneo.

DISSENSÃO
Falta de concordância a respeito de (algo); divergência, discrepância.

REPUDIAR
Opor recusa a; demonstrar rejeição por; repelir.

IMANTAR
Conferir a (metal) propriedades magnéticas; imanar, imanizar, magnetizar.

MANANCIAL
(Fig.) O que é considerado princípio ou fonte abundante de algo.

Faze mais. Não somente em propaganda "por fora", mas principalmente dentro do teu lar.

No lar, caldeiam-se os Espíritos em luta diária nas tarefas de reajustamento e sublimação.

Na família, os choques da renovação espiritual criam lampejos de ódios e dissensão, que podes converter em clarões-convites à paz.

Não percas a oportunidade de semear dentro de casa.

Apresenta a tua fé aos teus familiares mesmo que eles não a queiram escutar.

Utiliza o tempo, a psicologia da bondade e do otimismo e esparze as luminescências da palavra espírita no reduto doméstico.

Se te recusarem ensejo, apresenta-o, agindo.

Se te repudiarem, conduze-o, desculpando.

Se te ferirem, espalha-o, amando.

Pelo menos uma vez por semana, reúne a tua família e felicita-a com o Espiritismo, criando e mantendo, assim, o culto evangélico, para que a diretriz do Mestre seja eficiente rota de amor à sabedoria em tua casa...

Ali, na oportunidade, ouvidos desencarnados se imantarão aos ouvidos dos teus e escutarão; olhos atentos verão pelos olhos da tua família e se nublarão de pranto; mentes se ligarão às outras mentes e entenderão... Sim, ouvidos, olhos e mentes dos desencarnados que habitam a tua residência se acercarão da mesa de comunhão com o Senhor, recebendo o pão nutriente para os Espíritos perturbados, através do combustível espírita, que não é somente manancial para os homens da Terra, mas igualmente para os que atravessaram os portais do Além-túmulo em doloroso estado de sofrimento e ignorância.

Agradece ao Espiritismo a felicidade que possuis, acendendo-o como chama inapagável no teu lar, para clarear os teus familiares por todos os dias.

O pão mantém o corpo.

O agasalho guarda o corpo.

O medicamento recupera o corpo.

O dinheiro acompanha o corpo.

Seja o Espiritismo em ti o corpo do teu Espírito emboscado no teu corpo, a caminhar pelo tempo sem-fim para a imortalidade gloriosa.

E se desejares felicidade na Terra, incorpora-o ao teu lar, criando um clima de felicidade geral.

REVELAÇÃO E REENCARNAÇÃO 26

"(...) Com efeito, a lembrança traria gravíssimos inconvenientes."
E. Cap. V – Item 11.

Generaliza-se entre os cultores menos avisados do Reencarnacionismo a falsa crença de que, em vidas pretéritas, envergaram roupagens com que se destacavam em primeira plana, no mentiroso mundo do poder e da fama.

Muitos dizem recordar os atavios de velhas cortes onde eram amados e requestados, e procuram manter gestos e hábitos que seriam remanescentes de tais existências...

Reis e rainhas, príncipes e princesas, nobres e membros de velhas linhagens podem, facilmente, ser encontrados entre eles...

Comandantes de exércitos e conquistadores de povos, artistas e gênios são apontados por Espíritos insensatos ou obsidiados como se fossem eles mesmos, constrangidos ao obscurantismo da atualidade.

Foram informados – dizem –, tiveram revelações.

Vivem de puerilidades, acalentando sonhos mentirosos, que lhes agradem sobremaneira.

Dão a impressão de que aos Espíritos que vestiram os trajos da opulência, nos quais invariavelmente fracassaram, os instrutores do Mundo maior conferem de pronto o renascimento.

Rara ou excepcionalmente são encontrados antigos servos domésticos, modestos áulicos e pajens ou palafreneiros humildes, recomeçando as experiências na carne...

CULTOR
Que ou o que se volta para determinado assunto, conhecimento ou personalidade, estudando-o.

ENVERGAR
(Fig.) Usar roupa ou veste; trajar, vestir.

REQUESTADO
Ato de ser muito solicitado, requerido.

OBSCURANTISMO
Falta de instrução; ignorância.

PUERILIDADE
Característica, ato ou obra daquele que age como criança; imaturidade, infantilidade, criancice.

SOBREMANEIRA
(M.q.) Sobremodo; muito além da medida, da normalidade; demais, sobremaneira.

TRAJO
(M.q.) Traje.

OPULÊNCIA
Qualidade do que é rico, luxuoso, magnífico ou magnificente.

ÁULICO
Que ou aquele que pertence a uma corte.

PAJEM
Rapaz que, na Idade Média, acompanhava um príncipe, um senhor, uma dama, para prestar-lhes certos serviços e iniciar-se na carreira das armas.

PALAFRENEIRO
Indivíduo que cuida de animais em cavalarias ou coudelarias; palafreneiro, estribeiro.

Homens e mulheres de vida obscura e ignorada não repontam entre os que cultivam tais aberrações, como fazendo crer que, depois das amargas provações experimentadas, não mais lhes foi exigido o retorno ao carro celular.

Mui diversa, no entanto, é a realidade.

Aqueles que dominavam, soberanos, sob o peso de responsabilidades que não souberam ou não quiseram honrar, chegaram todos ao Mundo maior em lamentáveis estados conscienciais.

Amargurados e deprimidos, calcinados pelo horror, sofreram de perto a decepção humilhante e foram obrigados a considerar a extensão do desequilíbrio e da rebeldia a que se entregaram inertes.

Vítimas desconhecidas, que o crime transformou em verdugos impenitentes, crivaram-nos de motejos e deles escarneceram violentamente, experimentando desespero difícil de qualificar, rogando, então, o *presídio hospitalar* da carne para esquecer, recomeçar, fugindo de si mesmos...

Renasceram e renascem, ainda, em enxergas de miséria física e moral, disfarçados para escaparem à sanha dos perseguidores.

Soberanos vaidosos e cruéis acordam no corpo carnal estigmatizados pela micro, macro ou hidrocefalia, recordando as velhas e pesadas coroas...

Triunfadores e generais despertam nas trincheiras da loucura ou nas cidadelas da idiotia...

Viajantes das altas linhagens recomeçam cobertos de pústulas, vencidos pelas diversas manifestações da sífilis, da lepra, do câncer...

Negociantes regalados e administradores eminentes ressurgem, após os funestos fracassos, nas amarras da paralisia.

Artistas e religiosos de relevo, intelectuais e estudiosos prevaricadores reaparecem consumidos pela insânia, com desordens psíquicas irreversíveis...

REPONTAR
Começar a aparecer novamente.

MUI
(M.q.) Muito.

CALCINADO
Que se inflamou, que se agitou; excitado.

INERTE
Desprovido de movimento, que não dá sinal de vida; imóvel, inanimado.

VERDUGO
Carrasco, algoz.

IMPENITENTE
Obstinado, insistente, não arrependido.

MOTEJO
Caçoada, zombaria.

ENXERGA
Cama pobre, rústica; catre.

SANHA
Rancor, fúria, ira, desejo de vingança.

PÚSTULA
Pequeno tumor na pele com supuração.

REGALADO
Tratado com regalo, farto, abundante.

PREVARICADOR
Aquele que prevarica, que falta ao cumprimento do dever por interesse ou má-fé.

Campeões da beleza física ocultam-se em deformidades orgânicas e mentais quais *esconderijos-fortaleza* onde buscam o esquecimento, torturados, quase sempre, pelo sexo, em invencível descontrole...

(...) E muitos dos seus antigos escravos e servidores humílimos, profissionais e batedores, ofereceram maternidade e braços em forma de socorro e lar para os recambiarem, trazendo-os de novo ao palco da matéria densa.

Filhos e filhas do povo rogaram, apiedados deles, tomá-los na viagem evolutiva para que pudessem reencetar a experiência espiritual.

Quando os vires nas ruas ou nos frenocômios, em abrigos ou a expensas da dor, sob acúleos ou cercados de novos tecidos finos, para eles sem valor, lembra-te dos a quem esmagaram, zombaram, destruíram no passado, desfilando em carros dourados, pisoteando com seus fogosos corcéis os que tombavam à frente, aclamados e invejados, quase sempre, porém, temidos e odiados...

Ora por eles e apieda-te. São lições vivas, falando a linguagem poderosa da Lei.

Reiniciam em pranto o caminho que perderam com orgias.

Retemperam, na forja da soledade e do abandono aparente, o Espírito, para aprenderem a valorização do tempo e da oportunidade.

Fixa, da lição deles, a experiência do equilíbrio e da sensatez, aprendendo a servir e a sofrer...

Não te preocupes em teres estado na História...

Se desejas informações, indaga ao presente, e o hoje responderá para onde deves seguir e como deves seguir.

Jesus, o Filho do Altíssimo, apagou-se numa mansarda, procurando os infelizes e sofredores, o povaréu para elevar o homem aos Cimos Intransponíveis; e o Espiritismo, que nos ensina elevação e liberdade, com vistas ao Excelso Reino, ao

RECAMBIAR
Devolver ao lugar de origem; fazer retornar.

REENCETAR
Tornar a encetar; recomeçar, retomar.

FRENOCÔMIO
(M.q.) Manicômio.

ACÚLEO
Ponta acerada, afiada; aguilhão, ferrão, pua.

FOGOSO
Ardoroso, arrebatado, impetuoso.

CORCEL
Cavalo muito veloz; cavalo corredor.

INDAGAR
Perguntar, questionar.

MANSARDA
(Fig.) Morada miserável.

CIMO
A parte superior de uma coisa que tem maior altura do que comprimento ou largura; a parte de cima; alto, topo.

cuidar do "esquecimento do passado" elucida que "... havendo Deus entendido de lançar um véu sobre o passado, é que há nisso vantagem. Com efeito, a lembrança traria gravíssimos inconvenientes. Poderia, em certos casos, humilhar-nos singularmente, ou, então, exaltar-nos o orgulho e, assim, entravar o nosso livre-arbítrio. Em todas as circunstâncias, acarretaria inevitável perturbação nas relações sociais."

EM AGONIA 27

> *"(...) A certeza de um próximo futuro mais ditoso o sustenta e anima e, longe de se queixar, agradece ao Céu as dores que o fazem avançar. Contrariamente, para aquele que apenas vê a vida corpórea, interminável lhe parece esta, e a dor o oprime com todo o seu peso."*
>
> E. Cap. V – Item 13.

Aonde vás, onde te encontres, defrontarás a agonia.

Anseias pela paz, buscas segurança, no entanto és surpreendido a cada instante pelo esboroar dos teus sonhos.

Programas elaborados por anos a fio, quando postos em execução, não resistem aos testes mais humildes, e aflições sem-nome te povoam a casa mental, arruinando a esperança que anelavas.

Aspirações agasalhadas nas mãos da ternura se ensombram de augúrios pessimistas, quando supões chegado o momento de corporificá-las.

Aqui surpreendes o erro como língua de fogo purificador, cremando a iniquidade do pretérito.

Ali defrontas a ofensa transformada em chaga viva, reparando a loucura ultriz de ontem.

Além encontras a desdita aguardando, qual lição necessária, a bênção reparadora.

E concluis, ao fim, que a soma dos dias apresenta mais inquietação do que serenidade. É que todos somos Espíritos endividados com as Leis Divinas em processos renovadores, pelo cadinho das reencarnações sucessivas.

Enquanto o Espírito jornadeia na Terra, em programas disciplinantes, não pode prever a experiência com que o amanhã lhe cobrará o tributo da evolução.

ESBOROAR
Reduzir(-se) a pequenos fragmentos, a pó; desfazer(-se), desmoronar(-se), pulverizar(-se).

ANELAR
Desejar ardentemente; ansiar, almejar, aspirar.

AUGÚRIO
Prenúncio, previsão de acontecimento futuro.

CREMAR
(Mtf.) Fazer perder ou perder (dor, sofrimento etc.) o ardor, o fogo.

INIQUIDADE
Aquilo que é iníquo, ato contrário à justiça, à equidade.

ULTRIZ
Que se vinga.

CADINHO
(Fig.) Local ou instância em que algo (ou alguém) é testado, analisado, constituído ou depurado, submetido a provas ou condições extremas.

> **ALÇADO**
> Conduzido para cima; erguido, levantado, alteado.
>
> **MALBARATAR**
> Desperdiçar, empregar ou gastar de modo descontrolado, excessivo ou indevido.
>
> **DETER**
> Fazer parar ou parar.
>
> **DETER [2]**
> Reter em seu poder; ter a posse, prender, suster.
>
> **HAURIR**
> Consumir (algo) inteiramente; tornar-se pleno de, recolher em si.
>
> **TANGER**
> Tocar (instrumento musical).

Quantos, porém, possam atravessar as dificuldades com o coração dorido mas alçado ao amor, embora opressos, avançam na direção da liberdade.

Não te revoltes com as rudes provações.

O que hoje te falta significa desperdício de ontem.

O de que tens necessidade, malbarataste.

A limitação que te oprime corrige-te o excesso mal-aplicado.

O que te detém, detinhas.

Alonga os olhos na direção dos horizontes infinitos e agradece a Deus a agonia que experimentas, mas em cuja trilha haurirás paz.

Reúne as forças da coragem e liga-te de todo o coração aos heróis silenciosos que sofrem e trabalham infatigavelmente, seguindo com eles em busca da verdadeira Vida, porquanto ninguém há, na Terra, abastado ou mendigo, que desfrute de paz integral, felicidade plena ou desgraça total, no atual estado evolutivo. Apesar das dores que assinalas e das aflições que te aprimoram, as Excelsas Mãos estão modelando em teu íntimo, para mais tarde, a lira sublime que tangerás em harmoniosas vibrações, passado o estágio na abençoada escola terrena de agonias.

DESÂNIMO 28

"(...) O desânimo é uma falta. Deus vos recusa consolações, desde que vos falte coragem."

E. Cap. V. – Item 18.

Insidioso, de fácil propagação, tem caráter pandêmico. Grassa com celeridade, entorpecendo sentimentos com força que aniquila a vida.

Inimigo desconsiderado, fere em profundidade e se agasalha dominador em todas as criaturas a todo instante, sendo difícil de ser erradicado.

Com poder semelhante às viroses, contagia mais do que a grande maioria das enfermidades comuns.

Conduz às dissipações, à loucura, ao crime.

Aqueles que lhe caem nas malhas, invariavelmente derrapam para os vales desesperadores dos estupefacientes, do suicídio...

Suas vítimas apresentam-no refletido na "fácies" característica, deprimente.

São mórbidas, indiferentes, perigosas.

Grande parte da Humanidade sofre-lhe a ação deletéria.

Esse adversário soez e destruidor de multidões é o desânimo.

Companheiros da fé valorosos, desencorajados de prosseguirem, recuam.

Trabalhadores devotados, assinalados pelo sofrimento, estacionam.

Serventuários da esperança, desiludidos, fogem.

Mantenedores de tarefas socorristas, desajustados, param... sob o império do desânimo.

Prossegue tu!

INSIDIOSO
Que arma insídias; que prepara ciladas; enganador, traiçoeiro, pérfido.

PANDÊMICO
Relativo à pandemia, que é enfermidade epidêmica amplamente disseminada.

GRASSAR
Multiplicar-se por reprodução; propagar-se, espalhar-se.

ENTORPECER
Produzir torpor em (alguém ou a si mesmo); estar ou ficar em estado de torpor.

ANIQUILAR
Reduzir a nada, destruir completamente; exterminar.

ESTUPEFACIENTE
Que ou o que provoca costume e conduz a um estado de privação, podendo levar à toxicomania (diz-se de substância psicotrópica); entorpecente.

DELETÉRIO
Que possui um efeito destrutivo; danoso, nocivo.

SOEZ
Bruto, estúpido, grosseiro, ignorante.

SERVENTUÁRIO
Aquele que presta um serviço provisório ou feito em nome de outrem.

> **LABOR**
> Trabalho, faina, esp. tarefa árdua e demorada.

Todos falam que recolheram, do labor a que se devotaram, espinhos rudes e rudes ingratidões.

Explicam, com argumentos injustificáveis, que a moral evangélica para o momento em que se vive não mais tem aplicação: está ultrapassada.

Creem que perderam o tempo, aplicado anteriormente na execução do programa divino, apresentado pelo Espiritismo.

São vítimas inertes do desânimo.

Sem explicações para se justificarem a si mesmos a fuga espetacular para com os deveres assumidos espontaneamente, acusam e acusam...

Não lhes dês ouvidos.

Amigos falam que não conseguem perseverar nos ideais fascinantes e severos da Doutrina dos Imortais.

Também tu.

> **AUSCULTAR**
> Procurar saber; inquirir; investigar.

Alguns reconhecem os erros e a inutilidade de lutarem contra as próprias deficiências.

Dá-lhes razão, pois que não é diferente o que ocorre contigo.

> **IMO**
> (Fig.) Muito íntimo, muito profundo; interno, recôndito.

Outros esclarecem que tentaram seguir os postulados espiritistas, mas o tributo a oferecer é grande demais, em considerando as incertezas de que se encontram possuídos.

Concordas com eles ao auscultares o imo em tormentos múltiplos.

Eleva o padrão mental de tuas meditações.

Expulsa o tóxico letal que se infiltra sutilmente na tua organização espiritual.

> **DEBANDAR**
> Sair de grupo, corporação etc.; desmembrar-se, retirar-se.

Faze um exame dos que debandaram das fileiras do dever.

O desanimado é alguém que tombou antes do termo da jornada.

Reage com todas as forças e não possibilites "horas vazias" para se encherem de desesperanças nas províncias do teu pensamento.

Homens e mulheres, que lutaram em todos os tempos para construírem o ideal de felicidade humana, experimentaram o miasma pestilento desse sicário do Espírito.

Reagindo, porém, e perseverando abrasados pelos empreendimentos começados, elaboraram o clima de esperança que muitos respiram, abençoados pelo sol de amor que os aquece.

Estuda o Evangelho e vive-o, embora não consigas avançar incorruptível.

Se tombares no afã da verdade, recomeça.

Se despertares ao peso de irrefreável fadiga, recomeça.

Se experimentares desespero porque demora a materialização dos teus anseios, recomeça.

O trabalho de valorização do bem é sempre de recomeço, porquanto cada passo dado na direção do objetivo é vitória alcançada sobre o terreno a vencer...

Quando o desânimo, investindo contra os teus propósitos superiores, situar o seu quartel na rotina das tuas atividades nobres, modifica o *modus operandi* e prossegue, renovado, combatendo nos painéis da mente essa vibração desagregadora transmitida por *outras mentes* que perseguem o Evangelho Redentor, desde há muito, e exaltando a alegria do serviço em cada minuto de ação superior, destroça as armadilhas bem-urdidas desse revel inimigo, alcançando a plataforma superior da glória de ajudar com desinteresse e amor.

MIASMA
Sensação de opressão, de asfixiamento, de sufocação.

SICÁRIO
Malfeitor, facínora.

IRREFREÁVEL
Que não é refreável ou que não se pode refrear, reprimir; irreprimível.

DESTROÇAR
Causar a destruição de; arruinar, despedaçar.

BEM-URDIDO
Uma trama bem executada de (um desígnio); enredar, maquinar.

MENSAGEM DE ESPERANÇA   29

"(...) Se, no curso desse degredo–provação, exonerando-vos dos vossos encargos, sobre vós desabarem os cuidados, as inquietações e tribulações, sede fortes e corajosos para os suportar."
E. Cap. V – Item 25.

Abençoa a aflição de agora. Ela te abre as portas do salão da paz.

Agradece a chuva de fel a cair sobre a tua cabeça. Ela fertiliza o solo da tua alma para a sementeira da luz.

Rejubila-te com o espinho cravado no coração. Ele te adverte dos perigos iminentes de todos os caminhos.

Sorri ante os obstáculos que te impedem o avanço. Eles expressam o valor da tua resistência que os vence lentamente, à medida que jornadeias em triunfo.

Medita em todas as coisas que causam preocupação e dano e retira da dificuldade a melhor parte, como abençoado adubo para o solo das tuas experiências cristãs.

Nenhuma alma jornadeia na Terra sem a contribuição da dor. Nenhum Espírito avança para a luz sem conduzir dificuldades enleadas nos pés. Nenhum ser ascende para Deus sem a travessia do pantanal onde se demoram os homens...

Jesus veio para nortear a Humanidade, porque esta se encontrava perdida, presa ao matagal das paixões.

Todos temos um *ontem* perdido nos labirintos do crime, a enovelar-nos nas malhas da inquietude que se reflete hoje.

Guarda n'alma a alegria inefável que se expressará num amanhã ridente e belo que te espera, após o triunfo sobre as vicissitudes.

ENLEADO
Que está entrelaçado, enredado.

ASCENDER
Alçar-se, elevar-se em dignidade.

ENOVELAR
Tornar emaranhado, confuso, enrolar.

INEFÁVEL
Que não se pode nomear ou descrever em razão de sua natureza, força, beleza; indizível, indescritível.

RIDENTE
Que se mostra alegre, fértil, vivo, em que há vida, vigor; vicejante, viçoso.

VICISSITUDE
Condição que contraria ou é desfavorável a algo ou alguém; insucesso, revés.

Não te desesperes ante o desespero, não te aflijas junto à aflição, não te inquietes ao lado da inquietude, não te atormentes sob tormentos...

A planta que cresce é atraída pela luz, embora repouse sua sustentação na lama das raízes.

A linfa que dessedenta corre aos beijos do Sol, embora flua da lama do solo.

O alimento que nutre traz lodo no cerne, e o corpo que sustentas é feito de lama.

> CERNE
> Parte central ou essencial de; âmago, centro, íntimo.

Mas é com esse material que a alma faz o vasilhame para, realizando a obra do bem, sobreviver.

Não chores, não sofras!

Mantém elevado o pensamento ao Senhor sem te envergonhares.

Alça-te à luz, mesmo que nada representes...

Além da *ponte* há muitas venturas aguardando por ti.

Além do abismo há luz esfuziante esperando pelo teu triunfo.

> ESFUZIANTE
> Que é muito alegre, vivaz, comunicativo.

Luta, agora, vence logo.

Não dês tréguas ao mal, mesmo que ele seja partícula ínfima a toldar a visão do teu Espírito. Combate-o, sem lhe dares alimento mental.

Todo meio incorreto jamais conduzirá a um fim reto.

Afugenta a nostalgia, espanca a tristeza, surra a melancolia com as mãos ativas do trabalho edificante.

Lutar contra tentações não é somente uma atuação mental, é atividade produtiva na realização do bem.

Realiza tua obra em paz, certo de que estás em Jesus e seguro de que Jesus está contigo.

E quando tudo parecer esmagar as tuas aspirações e os fardos do mundo pesarem demais sobre os teus ombros, lembra-te d'Ele, na manjedoura humilde e desdenhada, para renovar a Humanidade inteira com a claridade inapagável do Seu infinito amor.

Evoca-O nas horas de amargura e sorri agradecendo a bênção do sofrimento.

Só as almas eleitas são tentadas; só elas têm forças para vencerem a tentação.

O cristão não se deve angustiar porque o erro lhe bate à porta, nem se deve entristecer porque permitiu que o erro tivesse acesso ao coração... Deve alegrar-se quando expulsa o erro de dentro da casa íntima, mantendo júbilo porque o dominou, conservando a integridade do lar, em vez de ser dominado pelo desequilíbrio que o afrontava...

Guarda a certeza, alma devotada ao bem, de que Jesus contigo é a vida radiosa e pura em esperança permanente, como mensagem de Deus, em bom ânimo e alento para a tua redenção.

E, disposto a não incidir no capítulo negativo que deve ficar esquecido, reúne as forças e avança resoluto, em demanda da mansão da serenidade que te aguarda, vitorioso, na caminhada do dever.

PARADOXOS

30

"(...) A rigidez mata os bons sentimentos; o Cristo jamais se escusava; não repelia aquele que O buscava, fosse quem fosse; socorria assim a mulher adúltera, como o criminoso; nunca temeu que a Sua reputação sofresse por isso. Quando O tomareis por modelo de todas as vossas ações?"

E. Cap. XI – Item 12.

A um observador apressado, muitas atitudes do Mestre, no exercício da Boa-nova, podem parecer estranhas, senão paradoxais.

Cercado pelas necessidades do povo, a todo instante necessitava aplicar os nobres ensinos com a persuasão do exemplo, convidado aos mais complexos testemunhos de fidelidade à mensagem de amor de que se fazia instrumento excelente.

Não buscou o insulamento improdutivo para evitar o contágio do crime ou da leviandade.

Nem se atirou, imprevidente, na solução dos problemas alheios ou na equação das lutas de classes.

Tudo fez e disse, tendo em vista o Espírito imortal, elucidando, incansável, que todas as *coisas* procedem do íntimo. Logo, renovado, o homem renova a Terra toda.

Difere, essa mensagem de amor, de tudo o que se recebera até então.

Nem a severidade nem o ascetismo rude do Batista.

Nem a austeridade de Elias, aguardando repasto em gruta erma.

Vive ao sol, veste-se como todos, participa das atividades diárias, trazendo as lições à atualidade das ocasiões entre as emoções e os conflitos do coração popular.

Sua expressão é toda de alento, e a ventura escorre-Lhe dos lábios em melodias doces e entusiastas.

PARADOXAL
Que contém ou se baseia em paradoxo(s) (aparente falta de nexo ou de lógica; contradição).

INSULAMENTO
Ato ou efeito de insular(-se); isolamento, solidão, insulação.

IMPREVIDENTE
Que ou quem não é previdente; descuidado, imprudente.

A Boa-nova, com Ele, é felicidade desde as alvíssaras.

Pregando a castidade, compreende Jesus a mulher surpreendida em adultério...

Lecionando virtude, escolhe mordaz samaritana de vida irregular para arauto da Mensagem...

Ensinando fidelidade ao dever, recebe Judas, um fraco, que trairia a Causa...

Desdenhado pelos nobres de Israel, concede entrevista a um príncipe do Sinédrio, Nicodemos, o doutor da Lei...

Amando os operosos, esclarece a imediatista Marta...

(...) E sabia da fraqueza de Pedro, das cobiças de Salomé, a atormentada esposa de Zebedeu, das angústias da inquieta Maria de Magdala, das iniquidades dos amigos, das torpezas dos comensais.

Assistiu-os todos, envolvendo-os nos suaves dosséis de infinda bondade.

Desses, raros seguiram Sua doutrina.

Não os censurou, não lhes reprochou o caráter.

Pediu-lhes, apenas, que não retornassem aos sítios da degradação nem reatassem os liames com a criminalidade.

Mas não se contaminou com eles, os infelizes.

Desceu às dores, ascendendo à luz.

No Evangelho, são essas personagens, aquelas com as quais mais nos identificamos.

Simbolizam esperanças para nós.

Seus gravames refletem nossas dificuldades.

Suas incertezas e limitações, amparadas pelo Mestre, estimulam-nos a não desanimar nem retroceder.

Ensinam-nos a cair para levantar e prosseguir.

Ajudam-nos a insistir no bem, de coração ansioso, para conseguir um Espírito pacificado.

Embora possa ser estudada em laboratórios, mediante a comprovação pela pesquisa experimental dos Agentes Imortais,

---

MORDAZ
Que agride ou corrói; cáustico, corrosivo, sarcástico.

SAMARITANO
Que ou o que é da Samaria, cidade e região da Palestina, capital do antigo reino de Israel.

REPROCHAR
Fazer censura a; lançar em rosto de; exprobar.

a *ideia espírita* consoladora é vertida para as massas desoladas e tristes, para o conturbado Espírito humano.

Penetra as elites intelectuais e detém-se na fragilidade da argila moral de todos nós, conduzindo uns e outros aos páramos da luz...

Concita à virtude, ao dever, à nobreza, ao esforço no trabalho produtivo, mas não se detém a imprecar contra as imperfeições e sandices da época.

Atualizado como os ensinos de Jesus, à sua época, translada essas lições através dos tempos, para hoje arrotear o pensamento moderno, colocando as sadias sementes da felicidade sem jaça e da paz sem alarde, no âmago das criaturas.

CONCITAR
Transmitir vontade a; animar, encorajar, estimular.

IMPRECAR
Rogar pragas a; praguejar.

JAÇA
Imperfeição (mancha ou falha) na estrutura física de uma pedra preciosa.

AFIRMAÇÃO 31

"(...) Lançai para diante o olhar; quanto mais vos elevardes pelo pensamento, acima da vida material, tanto menos vos magoarão as coisas da Terra."
E. Cap. XII – Item 3.

Afirma tua convicção seguindo de passo firme.
Enquanto o céu se colore de raios irisados e tudo sorri, o cristão pouco difere do homem comum.

No entanto, quando os dias escurecem, cobrindo-se de cúmulos carregados, faz-se necessário afirmar a fé.

Palavra fácil nos júbilos não pode ficar silenciosa e sem vida nas aflições.

Confiança nos dias de felicidade não deve permanecer apagada ante os perigos do testemunho.

Crença libertadora em oásis perfumados não desaparece nas longas travessias dos areais.

Lembra-te de Jesus.

O Enviado Divino exaltou a humildade e não revidou a bofetada violenta; engrandeceu a pureza e fez da própria vida um lírio imaculado; abençoou a pobreza e desdenhou os tesouros do mundo; homenageou os simples e fez-se ignorar pelos poderosos; exaltou os que eram perseguidos injustamente e deixou-se crucificar em silêncio; alentou os desanimados e os concitou ao resgate necessário; considerou os deserdados e caminhou sem posse alguma; valorizou a dor e ofereceu-se a morrer por todos...

Em Caná, ofereceu a todos a alegria festiva, e no Gólgota, testificou confiança robusta. No matrimônio dos jovens, rogou ao Pai Celeste que transformasse a água em vinho, enquanto na Cruz sorveu o vinagre e o fel como água pura...

IRISADO
(M.q.) Iriado; que contém as cores do arco-íris; que brilha com reflexos coloridos; irisado, matizado.

CÚMULO
(Meto.) Nuvem de base horizontal e contornos arredondados, semelhante a grande montanha de neve ou floco de algodão.

ALENTAR
Dar alento a; animar, encorajar.

CONCITAR
Transmitir vontade a; animar, encorajar, estimular.

GÓLGOTA
Local de suplício; calvário.

CRUZ
Instrumento em que Jesus Cristo esteve crucificado e que se tornou símbolo da religião cristã.

FEL
(M.q.) Bile; sabor amargo, amargor, amaridão.

EXCELSO
Que é sublime, eminente, elevado.

EIVADO
Que se encontra contaminado, maculado, infectado.

Pregando o Reino de Deus, alçou o coração à condição de santuário excelso, mas fez do caráter nobre a base da Lei, através do dever reto nas linhas do amor e da caridade, acima de todos os outros requisitos.

Afirma a fé que te honra os dias, quando tudo parecer distante ou tenebroso. Encontrando-te no campo a cultivar, mesmo que ele esteja eivado de plantas daninhas, labora de coração forte e mente esclarecida como quem ali encontra a oportunidade mantenedora do próprio equilíbrio, através da afirmação espontânea da tua fé n'Aquele que é a Fonte da Vida incessante.

CONSIDERANDO A PARÁBOLA DO BOM SAMARITANO 32

"Toda a moral de Jesus se resume na caridade e na humildade, isto é, nas duas virtudes contrárias ao egoísmo e ao orgulho."
E. Cap. XV – Item 3.

Conta Lucas, no versículo 25 e seguintes do Capítulo 10 do Evangelho, que, interrogado o Mestre por um doutor pusilânime que O tentava, a respeito da herança celeste, narrou-lhe o Senhor, após inquiri-lo sobre a Lei, A Parábola do Bom Samaritano, a fim de informar-lhe, na aplicação do amor, quem seria o próximo.

Sintetizemos a narrativa: "Assaltado por malfeitores, um pobre homem foi deixado à margem da estrada que descia de Jerusalém a Jericó. Casualmente passou pela mesma via um doutor, e depois um levita que, embora o vissem, seguiram indiferentes. Um samaritano, porém, por ali passando e o vendo, tomou-se de piedade e o assistiu carinhosamente, conduzindo-o na sua alimária até uma hospedaria onde o deixou cercado de cuidados, dispondo-se a resgatar quaisquer compromissos excessivos, quando por ali passasse de retorno". E ante o assombro do interlocutor, o Mestre indagou-lhe quem seria o próximo do homem sofrido, ao que este respondeu: "O que usou de misericórdia para com ele". Disse, então, Jesus: "Vai, e faze da mesma maneira."

Considerando as nobres sessões de socorro mediúnico aos desencarnados em sofrimento, hoje realizadas pelos adeptos da Doutrina Cristã, recorramos ao ensino de Jesus, na excelente parábola.

PUSILÂNIME
Diz-se de ou indivíduo fraco de ânimo, de energia, de firmeza, de decisão; indivíduo medroso, covarde, poltrão.

ALIMÁRIA
Qualquer animal, esp. quadrúpede; besta de carga.

RECALCITRANTE Que ou aquele que recalcitra, que resiste obstinadamente.	
UNGUENTO Medicamento externo.	
ABRASADO (Mtf.) Que se excitou, que se inflamou; arrebatado, inflamado.	
SINDICAR Fazer, realizar sindicância; tomar informações (de algo) por ordem superior; inquirir, investigar.	
VERBOSIDADE Qualidade do que é verboso, que fala muito ou usa palavras em excesso para expressar-se.	
REDIVIVO Que voltou à vida; ressuscitado; que rejuvenesceu; rejuvenescido, remoçado; que se manifestou de novo; renovado.	

O recinto das experiências medianímicas pode ser comparado à hospedagem acolhedora e gentil; o homem caído na orla do caminho, consideremo-lo o Espírito tombado nos próprios enganos; o médium doutrinador, assemelhemo-lo ao encarregado da estalagem; os médiuns recalcitrantes, examinemo-los como o doutor indiferente e o levita sem piedade; o médium obediente ao mandato do serviço socorrista, tenhamo-lo como o bom samaritano, e a via entre Jerusalém e Jericó convencionemos a estrada dos deveres fraternos por onde todos transitamos. Ainda poderíamos considerar o bálsamo e o unguento postos nas feridas do assaltado, como as orações do círculo de corações devotados à tarefa mediúnica; as moedas pagas ao hospedeiro, simbolizemo-las como as renúncias e dificuldades, lutas e testemunhos solicitados aos membros da reunião, e o doutor da lei, zombeteiro e frio, representemos como os companheiros conhecedores da Vida imortal, notificados das surpresas *além do túmulo*, indiferentes, entretanto, às tarefas sacrificiais do auxílio fraterno.

Se abrasado pela Mensagem Espírita, militas na mediunidade, em quaisquer das suas múltiplas manifestações, ou fazes parte de algum círculo de socorro espiritual, unge-te de bondade e dá a tua quota de esforço aos falidos na via da Imortalidade.

Não lhes sindiques quem são, donde vêm, para onde vão, por que caíram...

Não lhes imponhas verbosidades estrondosas, nem debates, apaixonado, convicções...

Fala-lhes do novo *amanhã* e medica-os agora, socorrendo-os com bondade e abnegação.

Sê, em qualquer função que desempenhares na tarefa espírita de assistência mediúnica, o "bom samaritano", considerando todo e qualquer Espírito que chegue ao núcleo de trabalho, não como o adversário de ontem, o obsessor de hoje ou o sempre inimigo, mas como o teu próximo a quem deves ajudar, assim como Jesus, redivivo na Mensagem Espírita, continua ajudando-te carinhoso e anônimo.

PALAVRAS E PALAVRAS   33

"(...) Jesus lho ensina, dizendo: 'Não te preocupes com o corpo, pensa antes no Espírito; vai ensinar o Reino de Deus; vai dizer aos homens que a pátria deles não é a Terra, mas o céu, porquanto somente lá transcorre a verdadeira vida'"
E. Cap. XXIII – Item 8.

Modulação inteligível, é a palavra o veículo de compreensão entre os homens.

Entretanto, há palavras que geram guerras hediondas e palavras portadoras da mensagem de paz, que amainam convulsões interiores e serenam corações em combates de extermínio.

Palavras que têm o poder de transformar o mundo, alçando-o à condição de paraíso, e palavras que têm a magia macabra de o precipitar em perigosos redutos do crime, onde o homem recua aos primeiros estados da animalidade.

Expressões que arrancam sorrisos, e vocábulos que promovem lágrimas.

Elocuções que conduzem multidões aos páramos da luz, e termos que espezinham sentimentos superiores.

Na palavra está a força do pensamento exteriorizado. Por isso, é a palavra perigoso instrumento em bocas viciadas manipuladas por Espíritos atormentados.

No entanto, a palavra em si mesma é construção divina a serviço da vida inteligente sobre a Terra. Quantos a exteriorizam, expressando a condição de vida mental em que se demoram.

O criminoso fala "amor" quando desejaria dizer paixão pela posse.

O artista cita o "amor" quando gostaria de expressar a visão que o emociona.

AMAINAR
(Fig.) Tornar(-se) sereno; abrandar(-se), acalmar(-se), diminuir.

ELOCUÇÃO
Ação ou efeito de enunciar o pensamento por palavras.

PÁRAMO
(Fig.) abóbada celeste; céu, firmamento.

ESPEZINHAR
(Fig.) Tratar mal, com menosprezo; esmagar, destruir, pisotear.

O cristão recorda o "amor" quando pensa em renovar o mundo.

Em todos os casos, "amor" é a mesma palavra em todas as bocas, variando, todavia, na vibração que a envolve.

Educa, então, o teu modo de pensar para expressares na palavra o teu real modo de ser.

"Eu não vim trazer a paz" – disse Jesus.

Move guerra à má palavra, não a pronunciando, não lhe dando valor, vencendo-a em silêncio.

Não dês paz ao erro.

Com tuas palavras, inspiradas na Boa-nova, decepa a árvore da criminalidade onde esteja e, afeiçoado ao serviço, difunde a luz na crença, seguindo para Aquele que é "a Luz do mundo".

Enriquecido por esse tesouro – a palavra que vibra, sonora, em teus lábios –, estende esperança em volta, onde te encontras.

Há dores e desesperos gritantes junto a ti, ansiedades e angústias inumeráveis.

Desencarcera dos lábios a boa palavra e "ensina o Reino de Deus". Talvez não possas fazer muito pelos corpos enfermos, mas podes dizer-lhes "que a Pátria deles não é a Terra, mas o Céu, porquanto somente lá transcorre a verdadeira Vida". Podes informar-lhes que estão em trânsito, devendo valorizar sofrimentos e desesperações como quem sabe identificar nos quartzos grosseiros as esmeraldas valiosas e escondidas e nos cristais despedaçados as *crisálidas de consciências* em libertação.

Valoriza, dessa forma, tuas palavras, fazendo-as verter bênçãos, em nome de Deus, o Excelso Verbo.

QUARTZO
Forma cristalina da sílica, que ocorre em abundância tanto nas rochas ígneas, quanto nas metamórficas ou sedimentares.

CRISÁLIDA
(Fig.) Coisa ou propósito em recolhimento e imobilidade, em estado de preparação, em expectativa de ação ou revelação.

DESCUIDOS 34

"(...) Frequentemente, ele se torna infeliz por culpa sua e por haver desatendido à voz que por intermédio da consciência o advertia. Nesses casos, Deus fá-lo sofrer as consequências, a fim de que lhe sirvam de lição para o futuro."
E. Cap. XXV – Item 7.

Mesmo antes que a ulceração interna desse início ao processo enfermiço de desgaste orgânico, a ira foi comensal das tuas horas, e a irritabilidade exagerada perturbou o equilíbrio da máquina fisiopsicológica, ensejando o desajuste, agora de complicada erradicação.

Até que a obsessão se transformasse numa distonia psíquica de gravidade compreensível, a intolerância caracterizou os atos da tua vida, dificultando o auxílio espiritual e equilibrante com que amigos encarnados e desencarnados desejaram libertar-te.

Mesmo quando a velhice prematura se apossou da tua organização celular, já permitias que os impulsos inferiores que te vergastavam interiormente, em choques emocionais que dilaceravam o aparelho nervoso em constantes desatinos, conseguissem o desarranjo das peças orgânicas de difícil reparo.

Tombaste no despenhadeiro do desânimo, porque consideravas a fé como rotulagem desagradável e pouco te empenhaste no estudo e observância das questões do espírito, que redundaram em anarquia emocional e desestímulo nos centros vitais do mundo psicofísico.

Diante da aflição que assoma devastadora, acreditaste que paz de espírito é oásis de repouso ao revés de campo de trabalho e malbarataste a dádiva do repouso, enfrentando, sem forças, os dias de luta.

ULCERAÇÃO
O processo patológico de formação de uma úlcera; helcose.

COMENSAL
(Fig.) Diz-se de ou indivíduo que vive à custa alheia; parasita.

ERRADICAR
Eliminar, extirpar.

DISTONIA
Perturbação das funções do aparelho circulatório ou do digestivo, ou de ambos, freq. de origem psíquica.

VERGASTAR
Golpear com vergasta; chicotear, chibatar, açoitar.

DESATINO
Ausência de tino, de bom senso, de juízo; desvario, loucura.

MALBARATAR
Desperdiçar, dilapidar; (fig.) utilizar, aplicar mal.

MALDIZER
Lastimar-se acerca de; reclamar, lamentar.

BULHENTO
Que ou aquele que faz muito ruído; bulhão.

DESATRELAR
Soltar(-se) da trela (animais, esp. cães); desprender(-se), largar(-se).

VINDITA
Punição ou castigo.

MORDAZ
Excessivamente rigoroso no modo de criticar ou enxergar as coisas.

ESCUSA
Desculpa, evasiva, justificação.

ARRIMADO
Encostado, apoiado.

GLEBA
Terreno próprio para cultivo; torrão, leiva.

MESSE
Aquilo que se colhe, que se obtém; ganho, conquista.

DESDITA
Falta de dita ('sorte favorável'); má sorte, infortúnio, desgraça.

DESCORTÍNIO
(M.q.) Descortino; ato ou efeito de descortinar; (mtf.) percepção rápida e fácil; alcance, conscientização, perspicácia, visão.

Ao maldizeres as horas de trabalho com os filhinhos bulhentos e sadios, pensa nas mães crucificadas na luta de sofrimentos inenarráveis de filhos paralíticos ou dementes, esperançadas e confiantes em Deus.

Antes de desatrelares o corcel da vindita, recorda os heróis do silêncio nobre, os mártires da verdade, os anjos do sacrifício, os santos da paciência, todos incompreendidos e sofredores, construindo as bases da tua e da felicidade de todos.

No ato da crítica mordaz e impiedosa contra alguém, considera as próprias forças em luta contra as tuas fragilidades e examina os insucessos ante as tentações, concedendo aos outros as mesmas escusas em que te resguardas.

No momento de lamentação, contempla os companheiros à tua volta, e os problemas que deles conheces te dirão muito; medita, então, nos que possivelmente eles têm sem que o saibas, muito mais graves do que imaginas, e resiste à leviandade de queixar, reclamar, derramar azedume injustificado pelo roteiro de ascensão.

Desejando tranquilidade radiosa, trabalha com humildade no bem, arrimado ao espírito de serviço desinteressado, anônimo e fiel, conservando as esperanças até a hora da frutescência que te enriquecerá a gleba do coração com as messes de luz.

Zela pela organização que te serve de veículo no caminho evolutivo antes da enfermidade.

Armazena equilíbrio íntimo no curso incessante das horas de atividade antes da desdita.

Oração e vigilância como curso preparatório na academia de aprendizagem reparadora antes do compromisso negativo.

Exercício de paciência e meditação acurada nos objetivos da vida antes do sofrimento que virá, inevitavelmente.

Ação salutar e descortínio de deveres positivos antes da desencarnação, "enquanto é dia", porque...

(...) Porque depois o quadro é diverso.

Tardia a hora do arrependimento, inadequada a contribuição do dito: "se eu soubesse!"

Todos sabemos o que devemos e o que não devemos fazer, após travados os primeiros contatos com a mensagem clarificante do Evangelho.

Educação, pois, antes.

Disciplina antes.

Antes, instrução.

Antes, amor.

Caridade e cuidados antes do erro, do crime, da queda.

Mesmo Jesus, o Incomparável Sábio, antes do Gólgota **arregimentou** amigos, disseminou misericórdia em forma de amor, saúde e alegria, renovou as concepções espirituais da vida nas mentes daqueles que O seguiam, distendeu a verdade a todas as gentes, porque à hora do testemunho, levaria consigo o que fez, em nome do Pai, como realmente aconteceu, e não o que desejou fazer no messianato de luz para o qual veio.

ARREGIMENTAR (Por ext.) Reunir(-se) em partido, associação ou grupo; alinhar(-se).

ORAR SEM CESSAR   35

"Pela prece, obtém o homem o concurso dos bons Espíritos que acorrem a sustentá-lo em suas boas resoluções e a inspirar-lhe ideias sãs. Ele adquire, desse modo, a força moral necessária a vencer as dificuldades e a volver ao caminho reto, se deste se afastou."

E. Cap. XXVII – Item 11.

Com muita propriedade, o apóstolo Paulo, na 1ª Epístola aos companheiros da Tessalônica, assevera: "Orai sem cessar".

Orar, entretanto, não é apenas *falar* a Deus, em longos recitativos, ou guardar a alma em atitude extática numa contemplação inoperante e improcedente.

Com o Senhor aprendemos que orar é servir, convertendo dificuldades em bênçãos e acendendo lâmpadas da esperança nas sombras por onde seguem as almas.

Com Ele sabemos ser a oração mensagem que flui da Alma em direção ao Criador e reflui do Criador para a Alma como bênção socorrista.

Compreendemos, assim, que o "orar sem cessar" é meditar sempre, aplicando o tempo mental em utilidade psíquica, laborando, pela edificação íntima ou alongando os braços no serviço de santificação do dever.

Inquietado pelo tumulto das atividades a que se liga, o homem, muitas vezes, não se prepara para a oração constante, reservando no canhenho dos deveres humanos tempos pequenos e determinados para o diálogo com Aquele que é o hálito e a causa da Vida.

E é natural que sua débil voz se perca no tumulto interno, sem atingir os *ouvidos celestes*.

EXTÁTICO
Caído em êxtase; causado por êxtase ou que envolve êxtase; encantado, enlevado, maravilhado.

CANHENHO
Caderno de notas, de apontamentos.

> **ESTÁTICA**
> Ruído nos aparelhos de rádio provocado pela eletricidade atmosférica.

Mensagens mal-impressas ou transmitidas em frequência irregular não alcançam os portos de destino, perturbadas pela estática ou interrompidas pela falta de potencialidade que as conduza nos veículos deficitários do instrumento transmissor...

Evidentemente que, não recebidas, ficam sem respostas. Orar sem cessar para que os recados continuados atinjam as estâncias do Mundo superior.

O homem, honrando-se no trabalho do campo, ora.

> **OLEIRO**
> Indivíduo que faz e/ou vende objetos de cerâmica; ceramista.

O oleiro modesto, na confecção nobre do vaso, ora.

O operário eficiente, na materialização do compromisso, ora.

O sacerdote, em visita à dor, ora.

O instrumentalista, em exercício digno, ora.

O mestre, ministrando as páginas da vida na formosa ciência do ensino, ora.

O profissional acadêmico, trabalhando fiel ao juramento, ora.

O estático ou o reverente, o solitário ou o enclausurado, longe da ação superior que anula todo mal, mesmo em atitude de prece, estão distantes da oração.

Na incomparável prece que Jesus nos ensinou, o *Pai-nosso*, encontramos a síntese sublime das aspirações humanas, em forma de colóquio ideal com o Excelso Criador.

Louvor a Deus e exaltação do Seu nome e da Sua obra, submissão à Sua Lei de Sabedoria e Justiça e apelo – apelo que é súplica humilde e confiante de filho amado e Pai Amantíssimo, cujos ricos celeiros de bênçãos sempre se encontram à disposição daqueles que os buscam.

> **MANJEDOURA**
> Tabuleiro em que se deposita comida para vacas, cavalos etc. em estábulos.

Orar é mais do que abrir a boca e pedir, é comungar com Deus, banhando-se de paz e renovação íntima...

Orar é como arar, agir, atuar com Jesus Cristo e os Espíritos superiores em favor do mundo.

> **OLVIDAR**
> Não vir (algo) à lembrança de (alguém ou de si mesmo); esquecer(-se).

A maior oração da vida transcendental do Cristo foi o *verbo amar*, conjugado da Manjedoura ao Gólgota, culminando no olvido de todo o mal com a mensagem do bem com que Ele partiu da Terra.

E ainda agora, quando fatores variados conspiram na vida moderna contra a serenidade, a paz e a edificação cristã, entre os homens, recorda a necessidade de orar, orar sem cessar, para que o vendaval das paixões não te possa carregar na sua fúria.

MOMENTO ESPÍRITA 36

"Ser ou não ser, tal a alternativa."
C.I. 1ª parte, Cap. I – Item 1.

"Vivemos, pensamos e operamos – eis o que é positivo. E que morremos, não é menos certo.

"Mas, deixando a Terra, para onde vamos? Que seremos após a morte? Estaremos melhor ou pior? Existiremos ou não? *Ser* ou *não ser*, tal a alternativa. Para sempre ou para nunca mais; ou tudo ou nada: viveremos eternamente ou tudo se aniquila de vez? É uma tese, essa, que se impõe.

"Todo homem experimenta a necessidade de viver, de gozar, de amar e ser feliz. Dizei ao moribundo que ele viverá ainda; que a sua hora é retardada; dizei-lhe sobretudo que será mais feliz do que porventura o tenha sido, e o seu coração rejubilará!"

Os conceitos acima pertencem a Allan Kardec, que os expressa no Capítulo I de *O Céu e o Inferno* do qual os tomamos.

Todo homem que raciocina meditará, vez que outra, ao menos, nesta concisa sentença: "Vivemos, pensamos e operamos... E que morreremos, não é menos certo."

Assim fazendo, concluirá que duas alternativas se lhe apresentam: vida ou nada.

Buscando, através dos acontecimentos históricos, somente a vida lhe responderá a qualquer indagação.

A intuição lhe fala da vida.

Os fatos lhe atestam a vida.

A razão lhe confirma a vida.

MORIBUNDO
Que ou o que está morrendo, que ou o que agoniza.

REJUBILAR
Encher(-se) de júbilo; alegrar(-se).

CONCISO
Reduzido ao essencial; em poucas palavras (diz-se de escritos, ideias, discurso etc.); preciso, sucinto, resumido.

INDAGAÇÃO
Ato ou efeito de indagar(-se), de perguntar(-se), de procurar saber, tentar descobrir ou investigar.

> **MISTER**
> Estado ou condição do que necessita de (algo); necessidade, precisão, exigência.

A vida além da morte é, indubitavelmente, o coroamento do desgaste celular, no insondável do processo químico no subsolo.

Cientificado *dessa vida*, faz-se mister preparar-se para enfrentá-la.

Sábios, pensadores, santos e cientistas, explicando-a, viveram de tal modo que atestaram a certeza de a encontrarem após.

> **CINGIR**
> Pôr ou usar ao redor de uma parte do corpo; envolver(-se), cobrir(-se).

Indispensável, portanto, cingir-se de valor para reservar no painel mental *momentos espíritas* de meditação, e na vivência diária *momentos espíritas* de ação.

> **TREPIDAR**
> Revelar hesitação (nas ações); vacilar, titubear.

Tito, que lamentava o dia como perdido, por falta de uma ação nobre, não trepidou em destruir Jerusalém.

> **CRUZ**
> (Por ext.) O próprio cristianismo.

Carlos Magno, lutando sob a inspiração da Cruz, deixou-se arrastar por crueldade criminosa.

> **ALAMANO**
> Um povo germânico.

Clóvis, após a batalha de Tolbiac, na qual impiedosamente aniquilou os alamanos, empunhando o cetro de rei franco, e dizendo-se cristão, prosseguiu, cruel, mesmo quando a velhice e a fé deveriam tê-lo modificado...

É indispensável transformar-se.

O bloco de gelo é água que mudou de estado e requisita temperatura adequada para manter-se...

A porcelana é barro cozido que não voltará à condição primitiva.

Um sofreu modificação aparente.

O outro se transformou realmente.

Este, o gelo, é estático; aquele, o barro, experimentou a dinâmica do calor.

O crente parado enregela-se, mas se derrete ante o ardor do testemunho.

O consciente do dever, através da crença, é atuante, lutador.

Para o *crente,* morrer e repousar são a mesma coisa.

Para o consciente, morrer é viver, crescendo em ação sem-fim.

O *momento espírita* é o instante de exame quanto à conduta íntima – programa de felicidade.

O *momento espírita* é o ensejo de renovação espiritual – sanitarismo psíquico.

O *momento espírita* é treino, pré-vida – exercício para a vida diária e a Vida eterna.

À hora da dor, faze o teu momento espírita.

Chamado pelo desespero ou abandonado pela solidariedade, realiza o teu momento espírita.

Instado ao desequilíbrio, exercita o momento espírita.

De momento em momento chegarás à conduta espírita, à vida espírita, qual moribundo que vê a sua hora ampliada pela saúde, longe de toda dor, sendo mais ditoso do que sempre o foi, com o coração prenhe de júbilos.

DITOSO
Que tem boa dita; venturoso, feliz, afortunado.

PRENHE
(Fig.) Que foi enchido ao máximo; abarrotado, repleto, cheio.

CONSIDERANDO O SOFRIMENTO E A AFLIÇÃO 37

"Se, ao contrário, concentrarmos o pensamento, não no corpo, mas na alma, fonte da vida, ser real a tudo sobrevivente, lastimaremos menos a perda do corpo, antes fonte de misérias e dores."
C.I. 1ª parte, Cap. II – Item 4.

Ei-los misturados em todo lugar.

Sofrimento causado pela evocação de um amor violento que passou célere, e aflição de quem, não tendo amado, deseja escravizar-se desnecessariamente.

Sofrimento decorrente do desejo de perseguir quando gostaria de fazê-lo, e aflição, porque, perseguido, não tem oportunidade de também perseguir.

Sofrimento pela dor que se agasalha no coração, santificando o Espírito, e aflição em face da dor, por não poder fazer quanto gostaria, comprometendo-se muito mais.

Sofrimento nascido no desequilíbrio da ambição que deslocou a linha básica do caráter, e aflição, porque, desejando e possuindo tanto, não pode fruir quanto pensava gozar.

Sofrimento derivado da revolta de não ser feliz nos moldes que planejou, e aflição por ter a felicidade ao alcance das mãos, constatando, porém, quanta treva e pranto se guardam sob o manto brilhante dessa felicidade.

Sofrimento por muito ter e constatar nada ter, e aflição por nada ter e descobrir quanto poderia ter.

Sofrimento na cruz dos desajustes emocionais, e aflição causada pelos desajustes na cruz do dever reparador.

Sofrimento em quem luta pela reabilitação, e aflição em quem, errando, não tem força para reabilitar-se.

Sofrimento que vergasta, e aflição buscada para vergastar.

CÉLERE
Com velocidade acelerada; ligeiro, veloz.

VERGASTAR
Golpear com vergasta; chicotear, chibatar, açoitar.

É, no entanto, o sofrimento uma via de purificação, e a aflição um meio libertador para quem, mantendo o encontro com a verdade, elege, na recuperação dos valores morais, a abençoada rota através da qual o Espírito se encontra consigo mesmo, depois das múltiplas lutas do caminho por onde jornadeia, quando desatento e infeliz.

Com Jesus aprendeste que sofrer, recuperando-se interiormente, é libertar-se, e afligir-se, buscando renovação, é ascender.

Empenha-te, valoroso, no esforço da eliminação do mal que ainda reside em ti, pagando o tributo do sofrimento e da aflição à consciência. Recorda que, antes da manhã clara e luminosa da Ressurreição do Mestre, houve a sombra da traição e a infâmia da Cruz, como ensinamento de que, precedendo a madrugada fulgurante da imortalidade triunfal, defrontarás a noite de silêncio e testemunho como prenúncio da radiosa festa de luz e liberdade definitiva, que alcançarás por fim.

> FULGURANTE
> Que brilha, fulge; brilhante, lampejante.

> PRENÚNCIO
> Aquilo que precede e anuncia, por indícios, um acontecimento.

PLANEJAMENTO 38

"A Doutrina Espírita transforma completamente a perspectiva do futuro. A vida futura deixa de ser uma hipótese para ser realidade."
C.I. 1ª parte, Cap. II – Item 10.

A obra do bem em que te encontras empenhado não pode prescindir de planejamento.

Nem o estudo demorado, no qual aplicas o tempo, fugindo à ação. Nem a precipitação geradora de muitos insucessos.

Para agires no bem, muitas vezes, qualquer recurso positivo constitui-se material excelente de rápida aplicação. Todavia, o delineamento nos serviços que devem avançar pelo tempo tem regime prioritário.

A terra devoluta, para ser utilizada, inicialmente recebe a visita do agrimensor que lhe mede a extensão, estuda-lhe as curvas de níveis, abrindo campo propício a agricultores, construtores, urbanistas que lhe modificarão a fisionomia.

O edifício suntuoso foi minuciosamente estudado e estruturado em maquetes facilmente modificáveis.

Até mesmo a alimentação mais humilde não dispensa a higiene e quase sempre o cozimento, a fim de atender devidamente ao organismo humano.

A improvisação é responsável por muitos danos.

Improvisar é recurso de emergência.

Programar para agir é condição de equilíbrio.

Nas atividades cristãs que a Doutrina Espírita desdobra, o servidor é sempre convidado a um trabalho eficiente, pois que a realização não deve ser temporária nem precipitada, mas de molde a atender com segurança.

PRESCINDIR
Passar sem, pôr de parte (algo); renunciar a, dispensar.

DEVOLUTA
Que devolve; que estabelece ou determina devolução; devolutório.

AGRIMENSOR
Que ou quem está legalmente habilitado para medir, dividir e/ou demarcar terras ou propriedades rurais.

A caridade, desse modo, não se descolore na doação pura e simples, adquirindo o matiz diretivo e salvador.

Não somente hoje, não apenas agora.

Hoje é circunstância de tempo na direção do tempo sem-fim.

Agora é trânsito para amanhã.

Planejar-agindo é servir-construindo.

Por esse motivo, ajudar é ajudar-se, esclarecer significa esclarecer-se e socorrer expressa socorrer-se também.

Planifica tudo o que possas fazer e que esteja ao teu alcance.

Estuda e examina, observa e experimenta, e, resoluto no trabalho libertador, avança, agindo com acerto para encontrares mais tarde, na realização superior, a felicidade que buscas.

Para que o Mestre pudesse avançar no rumo da semeação da Vida eterna, enquanto entre nós, na Terra, meditou dias e noites, retemperando as próprias forças, sentindo o drama e a aflição dos Espíritos, a fim de que, em começando a trajetória de amor, nas verdes paisagens da Galileia e nas frescas margens do Tiberíades, não recuasse ante a agressão e a impiedade que investiram contra o Seu apostolado, planejando e agindo, amoroso, até a morte. E mesmo depois, em buscando os páramos da Luz Inextinguível, volveu, para os que ficaram na retaguarda, o coração generoso, acenando-lhes com a plenitude da paz depois da vitória sobre eles mesmos.

MATIZ
Gradação de uma cor ou cores; nuança.

RESOLUTO
Que é firme em seus projetos, em seus desígnios; ousado, determinado, decidido.

VOLVER
Dirigir(-se) para outra direção, virar(-se), voltar(-se).

FALANDO AO TRABALHADOR   39

"O progresso nos Espíritos é o fruto do próprio trabalho; mas, como são livres, trabalham no seu adiantamento com maior ou menor atividade, com mais ou menos negligência, segundo sua vontade, acelerando ou retardando o progresso e, por conseguinte, a própria felicidade."
C.I. 1ª parte, Cap. III – Item 7.

Trabalhador da vida persevera agindo no bem.

As criaturas na Terra, de certo modo, parecem-se com matérias brutas antes de serem trabalhadas.

Diante do solo que te não pode oferecer argila para a olaria ou leiras para a sementeira, evita a blasfêmia.

Trabalha a terra, dando-lhe o amor que te escorre abundante e amparando-a com a dádiva da linfa vivificante.

Ante a montanha, não amaldiçoes as pedras.

Trabalha-as e arrancarás formas preciosas.

Em frente à árvore retorcida, não lhe desprezes os galhos.

Trabalha o lenho, retirando tábuas e mourões que ensejem agasalhos e utilidades.

Diante do ferro envelhecido e gasto, não o injuries.

Trabalha nele com o auxílio do fogo e aplica-o em variados usos.

Defrontando o lodo, não o insultes.

Trabalha, drenando-o, e conseguirás aí abençoada seara que se cobrirá, oportunamente, de flores e frutos.

Há muitos corações, igualmente assim, na estrada dos homens.

Espíritos difíceis de entender, empedernidos na indiferença, retorcidos pelo ódio, envelhecidos no erro, perdidos na inutilidade, comprazendo-se na ignorância e na crueldade.

Não reclames nem os desprezes.

LEIRA
Suco ou rego aberto na terra para que nele se deposite semente ou muda.

LINFA
A água, esp. a límpida.

INJURIAR
Fazer injúria verbal ou por fatos a; insultar.

EMPEDERNIR
Fazer endurecer; empedrar.

Abre os braços e socorre-os em nome do amor. Quanto te seja possível, trabalha junto a eles e neles, confiante no Divino Trabalhador.

Possivelmente os resultados não virão logo, nem o êxito do trabalho surgirá de imediato.

Muitas vezes, sangrarão tuas mãos na execução da obra e dilacerarás o próprio coração.

De início a dificuldade, o esforço e a perseverança no trabalho.

Mais tarde a assistência carinhosa e o zelo cuidadoso.

Por fim, surpreenderás, feliz, a vitória do trabalho paciente, sorrindo como flores na lama, saudando a beleza e a glória da vida em nome de Jesus, o Obreiro da felicidade de nós todos.

FRATERNIDADE 40

"O estado corporal é transitório e passageiro. É no estado espiritual sobretudo que o Espírito colhe os frutos do progresso realizado pelo trabalho da encarnação; é também nesse estado que se prepara para novas lutas e toma as resoluções que há de pôr em prática na sua volta à Humanidade."

C.I. 1ª parte, Cap. III – Item 10.

Saúda a madrugada do dever, fazendo luz no entendimento amargurado.

Não digas que é inútil lutar, tendo em vista os insucessos pessoais.

Não creias que tudo seja caos e desordem, porque o mundo íntimo se encontre em desassossego e anarquia.

As dores valem o valor que lhes damos.

As provações significam em aflição a dimensão da taça em que as recolhemos, como se fossem ácidos ou cáusticos.

Porque mal-estares te inquietem e sombras derramem fantasmas na imagem das coisas, não compares os dias a salas escuras de perspectivas negativas.

Abre a porta à fraternidade e alegra-te também.

Quem cultiva urze apresenta-se cravado de espinhos.

Quem assimila decepções extravasa pessimismo.

É imprescindível romper as comportas do personalismo infeliz para que as vibrações de felicidade te visitem a casa mental.

O homem que prefere baixadas tudo povoa de limites. Mas quem sonha alcantis altaneiros e céus infinitos perde medidas e limitações para espraiar-se como o ar ou agigantar-se como a luz.

Vives as ideias que te aprazem, e, enquanto te agrades na desdita imaginária, ninguém poderá clarear-te com as estrelas aurifulgentes da serenidade.

ALCANTIL
Ponto mais alto de uma elevação; cume, píncaro.

ALTANEIRO
Que se eleva muito, que permanece em grande altura.

APRAZER
Causar ou sentir prazer; contentar(-se); agradar(-se), deleitar(-se); prazer.

AURIFULGENTE
Que reluz como ouro.

> **ACALENTAR**
> (Fig.) Dar incentivo a; alimentar, nutrir.
>
> **RECÔNDITO**
> Que se escondeu; encoberto, oculto, retirado.
>
> **CONÚBIO**
> (Fig.) Relação íntima; ligação, união.
>
> **BURIL**
> Instrumento com ponta de aço para cortar e gravar em metal, lavrar pedra etc.; cinzel, posteiro.
>
> **PRECONIZAR**
> Apregoar com louvor, fazer a apologia ou a propaganda de; recomendar, aconselhar, pregar.
>
> **BELIGERÂNCIA**
> Qualidade, estado ou caráter do que é beligerante; direito de fazer guerra com garantias internacionais iguais às dadas ao inimigo.
>
> **HIDRA**
> (Fig.) Mal muito alastrado, que aumenta apesar dos esforços feitos para extingui-lo.
>
> **ACICATAR**
> (Fig.) Dar estímulo a; excitar, incentivar, encorajar, animar.
>
> **ESTRUGIR**
> Soar ou vibrar fortemente (em); estrondear, retumbar.

O homem transforma-se no que acalenta e vitaliza nos painéis recônditos da mente.

Por esse motivo, a desencarnação promove surpresas e choques àqueles mesmos que despertam além da morte e que, conscientemente, ignoravam-se em situações lamentáveis.

Fraternidade! – Muitos crimes se cometem em teu nome!

O solo e a mente, a água e o ar, o tempo e a luz em harmonioso conúbio oferecem o pão generoso e rico à mesa.

A paciência e o trabalho no labor do artesão se unem para a grandeza da arte.

A argila e o artífice, em combinação segura, dão forma à cerâmica preciosa.

O buril e o amor identificados renovam as visões e paisagens sombrias da Terra.

Fraternidade – sol para as almas, roteiro para a vida!

Em todo lugar, há lugar para a fraternidade.

Os povos a preconizam, estimulando a beligerância.

Pronunciam-lhe o nome, arregimentando soldados.

Lecionam diretrizes em torno dela, assaltando países indefesos para discutirem a paz, demoradamente, nos organismos próprios, enquanto a hidra da guerra dizima populações...

A fraternidade começa no lugar em que estamos, a fim de atingir a região aonde não iremos.

Aceitas a ira que gera conflitos, que cria violências, que estimula o crime.

Agasalhas o ódio que oblitera a razão, que acicata instintos, que estruge em convulsões.

Corporificas azedumes que consomem o equilíbrio, que facultam desordens, que enlouquecem.

No entanto, a palavra de Jesus é inconfundível:

– "Bem-aventurados os mansos, porque herdarão a Terra".

Mansuetude para a ação fraternal – eis a rota.

Procurando expressar a própria ventura e homenagear com a sua gratidão o Mestre Incomparável, conhecido militante espírita, desencarnado, demandou, na noite evocativa do Natal, região pavorosa de angústia punitiva e dor reparadora, no Mundo espiritual, para evangelizar a turbamulta ignara e obscena.

Abrindo pequeno Evangelho, nos apontamentos de Mateus sobre o *Sermão da Montanha*, começou a ler as anotações consoladoras registradas pelo discípulo amado.

Enquanto a voz harmoniosa e calma vibrava amor fraternal no reduto purgatorial, antigo sicário de consciências, turbulento e impiedoso, agora entregue à própria rebeldia, explodindo ira, solicitou o livro singular e, diante do evangelizador, despedaçou as páginas, que atirou sobre o charco nauseabundo em que se revolvia.

Longe de revidar, o mensageiro da Palavra da Vida eterna, tomado de incomum sentimento fraternal, exclamou:

— "Perdoa-me não ter conseguido alcançar a tua alma com o Verbo divino, considerando a minha própria inferioridade!"

Houve uma pausa na densa região de amargura.

— "Compreendo, meu irmão – prosseguiu, comovido –, tua revolta, no entanto, não conheces Jesus. Reconheço-me indigno de apresentá-lO; todavia, sabendo-O o Médico do Amor por excelência, não consigo recuar... Recorda o Rei singular, nascido em manjedoura e supliciado na Cruz, a balbuciar, em hora de terrível soledade:

— "Perdoa-os, meu Pai!"...

Não pôde prosseguir. Não disse mais, nem se fazia necessário.

O verdugo se levantou, em pranto, e acudiu, dizendo:

— "Fala-me d'Ele, esse Homem que te dá forças para vencer a ira e amar a ponto de chamar-me irmão".

Fraternidade!

Começa agora mesmo o teu programa fraternal, tendo paciência contigo próprio, no caminho evolutivo por onde rumas...

TURBAMULTA
(M.q.) Turba ('multidão'; 'multidão em desordem').

IGNARO
Que não tem conhecimento; ignorante, inculto.

SICÁRIO
Assassino pago; malfeitor, facínora.

NAUSEABUNDO
Que provoca asco; repugnante, asqueroso.

SUPLICIADO
Que ou o que sofreu suplício; torturado, martirizado, seviciado.

VERDUGO
Indivíduo cruel, que inflige maus-tratos a alguém.

FESTIVAL DE AMOR   41

"Reina lá a verdadeira fraternidade, porque não há egoísmo; a verdadeira igualdade, porque não há orgulho, e a verdadeira liberdade por não haver desordens a reprimir, nem ambiciosos que procurem oprimir o fraco."
C.I. 1ª parte, Cap. III – Item 11.

Canta, alma, as bênçãos da fé viva na ação edificante do bem sem limite.

Não indagues qual a técnica perfeita da arte de ajudar.

Não esperes um curso especializado para o apostolado do melhor servir.

Abre os braços e agasalha a luz do dia no coração. Sai, depois, a dilatar claridade em festa incessante de alegria.

Se te perguntarem por que, embora a dor que te oprime, sorris, responde que, apesar do lodo junto à raiz, e por isso mesmo, o lírio esplendente de imaculada alvura esparze aroma.

Se te interrogarem quanto à utilidade do teu mister, reflete no mecanismo da vida, que transforma a abelha diligente em serva da tua mesa, e reparte a grandeza do serviço beneficente.

Ama, e coroarás as horas de luz; serve, e adornarás o coração de intérmina ventura.

No turbilhão do *vozeiro moderno*, ausculta a pulsação do progresso e ouvirás a *rés do chão* um débil gemido ou um choro cansado que não cessa; vasculhando a noite com intensa expectativa, identificarás homens fracos que o cansaço venceu; flamando pelas rotas do abandono, tropeçarás em retalhos de gente, emaranhados na sarjeta do esquecimento, em trapos lodosos e despedaçados; vagueando nos lagos onde a dor se agasalha, verás o azeite da vida se acabando nos vasos ressequidos, em

DILATAR
(Fig.) Difundir(-se), propagar(-se), espalhar(-se).

DILIGENTE
Que é cuidadoso e dedicado.

VENTURA
Satisfação por sucesso alcançado; felicidade.

VOZEIRO
(M.q.) Vozaria; clamor ou ressonância de múltiplas vozes; assuada.

AUSCULTAR
(Fig.) Ouvir (pessoas) para sondar-lhes a opinião sobre algo; sondar; escutar.

RÉS DO CHÃO
Pavimento da casa situado no nível do solo ou da rua; andar térreo.

que se transformaram organismos estiolados pela fome e pela enfermidade.

Muitos desses, ainda crianças, seriam os homens do amanhã que o presente tudo faz por negar a oportunidade de avançarem na rota da jornada evolutiva. A destinação histórica do futuro vai esmagada no frenesi teimoso do "agora".

Escuta-os sem as palavras que não ousam articular e recebe-os no coração sem exigências punitivas. Dês que os não podes levar para o lar que te agasalha, sorri e ajuda-os como puderes, considerando que sempre podes fazer algo por eles.

Se, todavia, for-te possível recebê-los, ama-os como se fossem inflorescências da tua carne.

Pouco te importe, sejam grandes ou pequenos os sofredores.

O amor verdadeiro não escolhe dimensão, nem seleciona aparências. É santificante concessão de Deus para enriquecimento da vida.

Urge fazeres algo por eles, os teimosamente abandonados do caminho: órfãos dos teus olhos, não os vias; aflitos que, em soluços junto à tua companhia, não tinham ninguém...

Quando alguém ama realmente uma criança que recebe e lhe não pertence pela carne, a Humanidade consegue um crédito da vida.

Quando um Espírito valoroso derrama a taça da afeição e do socorro legítimo no gral de quem sofre, o mundo se engrandece com ele.

É graças a esses, os irmãos pequeninos e sofredores, que a esperança se envolve de bênçãos e permanece entre as criaturas.

Faze da tua comunhão com o Cristo, a Quem dizes amar, um ato de abnegação junto aos que necessitam de carinho, produzindo o teu nobre esforço, ao lado deles, um excelente festival de amor.

Olhos marejados de pranto, além da sepultura, fitam os filhos que ficaram ou afetos que permaneceram na retaguarda, e *corações* que não cessam de pulsar, embora a desencarnação, latejam em apressado ritmo, quando te acercas desses filhos, desses quereres...

Não justifiques enfermidade, se pretendes disfarçar a indiferença em que te comprazes discretamente, nem te apegues aos sofrimentos da leviandade, se queres desculpar a impiedade que te cerceia os passos.

Os que hoje são pequenos amanhã crescerão. Evita avinagrares a água da misericórdia que lhes ofereces, sem o azedume da infelicidade que dizes sofrer. Talvez eles sejam o sorriso dos teus lábios, mais tarde, se souberes o que fazer.

Os que já viveram sofrem e podem compreender.

Sai da tua enfermidade imaginária para a ação curadora e faze uma doação de ternura, saudando neles, os amargurados que Jesus te apresenta, o sol formoso do dia sem-fim da tua imortalidade.

Quem O contemplasse entre as palhas ressequidas do berço improvisado não suporia que ali estivesse o Rei do Orbe, e quem se detivesse a contemplá-lO coroado de espinhos, em extremo ridículo, silencioso e triste, não acreditaria que era o Excelso Filho de Deus. No entanto, foi entre aqueles dois polos, o berço e a cruz, que Ele traçou a ponte de libertação, instaurando, de logo, o primado do Espírito, com o próprio exemplo de renúncia total e total amor à Humanidade de todos os tempos, de modo a conduzir-te, ainda hoje, na direção dos Cimos da Vida.

CIMO
(M.q.) Cume; a parte superior de uma coisa que tem maior altura do que comprimento ou largura; a parte de cima; alto, topo.

LINGUAGEM DO PERDÃO   42

"Repara em uma vida de provações o que a outrem fez sofrer em anterior existência. As vicissitudes que experimenta são, por sua vez, uma correção temporária e uma advertência quanto às imperfeições que lhe cumpre eliminar de si, a fim de evitar males e progredir para o bem."
C.I. 1ª parte, Cap. V – Item 3.

A pedra bruta perdoa as mãos que a ferem, transformando-se em peça de estatuária valiosa.

A lama suporta o fogo e perdoa o oleiro, convertendo-se em vaso precioso.

A fonte desrespeitada perdoa quem lhe revolve o lodo, oferecendo água cristalina depois.

O grão de trigo esmagado perdoa o agricultor que o atira ao solo, multiplicando-se em muitos grãos que enriquecem a mesa.

O ferro deixa-se dobrar sob altas temperaturas e perdoa os que o modelam, construindo segurança e conforto.

A Natureza tudo perdoa, transformando o mal aparente em bem real.

A peça apodrecida sobre o solo é absorvida e renasce em nova forma, vitalizando plantas e animais, como mensagem de perdão da terra.

Tudo ama, tudo perdoa...

Perdoa a mão que te ultraja, a boca maldizente que te calunia, o olhar invigilante que te magoa, o Espírito que a enfermidade vergasta e que te persegue...

Perdoar é impositivo para cada hora e todo instante.

No laboratório somático que serve de veículo temporário ao Espírito, o Amor de Deus vibra em perdão e harmonia como mensagem atuante e vigorosa, produzindo oportunidades e realizando tarefas.

ULTRAJAR
Ofender gravemente a dignidade de; afrontar, desonrar, insultar.

IMPOSITIVO
Que impõe ou se impõe; que não se pode dispensar; necessário.

Aprende, assim, a converter o mal que te fazem em bem que possas fazer.

E, se for necessário voltares ao ofensor, e dele novamente sofreres ultraje, recorda que o Mestre preconizou o perdão indistinto e incondicional tantas vezes quantas fossem as ofensas.

Persevera no trabalho com que a vida te honra a reencarnação, perdoando sempre e sem cessar, e despertarás, um dia, depois de toda dor e toda *sombra*, além da matéria, libertado das ofensas e da morte no abençoado Reino do nosso Mestre, perdoado e feliz...

> PRECONIZAR
> Apregoar com louvor, fazer a apologia ou a propaganda de; recomendar, aconselhar, pregar.

FACILIDADE NAS TAREFAS 43

"Devido às suas imperfeições, o Espírito culpado sofre primeiro na Vida espiritual, sendo-lhe depois facultada a vida corporal como meio de recuperação."
C.I. 1ª parte, Cap. V – Item 6.

Em consequência de uma observação apressada, tem-se a impressão de que mui facilmente, na atualidade, pode-se manter conduta cristã.

Porque triunfos e comodidades assinalam a vida moderna, e em se considerando benignidade das leis, em relação ao culto cristão, julga-se impensadamente que o momento não oferece ensejo para o martírio e a exaltação da fé que modificou, a partir de Jesus, a estrutura sociomoral da Humanidade.

O que ocorre, no entanto, é que a acomodação hodierna vem realizando conchavos negativos e convênios deprimentes entre a conduta cristã e a vida profana pouco recomendável, em que muitos crentes se comprazem.

Enquanto o Evangelho não triunfar no coração, clareando as mentes, a fim de poder dirimir com segurança dúvidas de qualquer natureza, não conseguirá penetrar vigorosamente os portais do lar, conduzindo com eficiência o sagrado instituto da família.

Com os ensinamentos espíritas, ditados pela experiência dos desencarnados, as responsabilidades que assinalam o compromisso cristão se incorporam à vivência evangélica, impondo diretrizes austeras para o dia a dia do homem na existência física.

Advertindo quanto ao despertamento da consciência no Além-túmulo, os Espíritos superiores imprimem elevação e nobreza ao crente, elegendo nele o realizador do bem indestrutível onde vive e com quem vive.

ENSEJO
Ocasião favorável; oportunidade.

HODIERNO
Que existe ou ocorre atualmente; atual, moderno, dos dias de hoje.

CONCHAVO
Ato ou efeito de conchavar(-se); entendimento entre várias partes; acordo, união, combinação.

COMPRAZER
Sentir contentamento ou prazer.

DIRIMIR
Tornar nulo; suprimir, extinguir, desfazer.

AUSTERO
Que exige penosos esforços do indivíduo; árduo, duro.

ENTIBIADO
Que se revela tíbio, frouxo, sem entusiasmo; fraco.

FLAGÍCIO
O que causa sofrimento, aflição; flagelo, tortura.

CAMPEIA
Exercer domínio; imperar.

MATRONA
Na Antiguidade romana, mulher casada; mulher de idade madura, respeitável pela idade e pelo procedimento.

SOMENOS
De menor valor ou menos importante que outro; irrelevante, inferior.

VICIAÇÃO
Ato ou efeito de tornar(-se) moralmente decadente; corrupção, depravação.

Tornando a vida cristã e espírita entibiada, muitos usuários da comodidade adaptam as disposições do Evangelho ao caráter leviano e repousam em agradáveis bem-estares, crendo passada a época dos flagícios e dos sacrifícios pelo Cristo...

Neste particular, muitos expositores das verdades espirituais, preocupados com o culto da personalidade e vítimas de terrível hipertrofia da razão, evitam os temas de despertamento moral, tendo em vista agradar aos ouvintes e formar círculos de admiradores em torno do Eu, longe, todavia, dos objetivos elevados a que se propõem.

Campeia o aborto delituoso com falsa ingenuidade a respeito da consideração pela vida, com aplausos mais ou menos generalizados.

Anticoncepcionais são utilizados em larga escala por jovens e matronas que não pretendem a maternidade, por motivos frívolos e injustificáveis. Evitam-se filhos, por considerações econômicas e outras de somenos importância, convertendo o matrimônio em comunhão menos digna...

Explicam-se viciações ditas simples, em se considerando as graves dissipações.

Cultivam-se jogos e narcóticos, alcoólicos e libertinagens, elucidando-se que as questões morais nada têm a ver com a Doutrina que atualiza o Cristianismo na sociedade.

Cambistas, agiotas e fumantes, maledicentes e caluniadores, preguiçosos e displicentes afogam a consciência nas ondas do não pensar, por enquanto, e todos se acreditam perfeitamente enquadrados nas disposições renovadoras do Cristianismo.

Leviandades e compromissos infelizes são acalentados com sorrisos joviais, como se a honra fosse um das diversas *pedras* com que muitos se divertem nos tabuleiros de xadrez.

E quantos buscam reunir, na vida diária e doméstica, os requisitos mínimos exigíveis que traduzem a penetração do Cristo e do Espiritismo neles, são tidos à conta de fanáticos e dementes.

O dia do cristão cedo começa.

A madrugada se impõe sobre as sombras com o poder da luz.

As pequenas realizações fazem grandes os homens.

As vitórias humildes sobre as paixões aparentemente insignificantes, e os singelos maus hábitos tornam valorosos os lutadores.

Somente quem é capaz de ser grande nas pequenas lutas se faz humilde nas vitórias grandiosas.

Não te empolgues com as facilidades que te advêm, transferindo o teu campo de ação para a borda de abismos disfarçados e sedutores.

Não te enganes a ti mesmo, persuadindo-te com utopias e sofismas que não aquietam nem harmonizam os ditames de consciência.

Apresenta a verdade sem dureza e usa a bondade sem pieguismo.

O valor do caráter é medido pela perseverança nos empreendimentos superiores, sem aspereza nem amolentamento.

Sê afável e meigo a serviço do Cristo, embora os calhaus que te firam.

Os Espíritos da Luz não improvisaram santificação momentânea. Viveram retamente, na Terra, onde te demoras, perdendo, muitas vezes, para não se perderem...

Surpreende-te quando tudo te correr muito bem e mui facilmente.

Recorda os supliciados e agredidos de todos os tempos.

Entre eles estão os pioneiros e heróis do conhecimento, do amor e das artes e, acima de todos, destaca-se um Rei trajado de singela túnica e alpercatas humílimas, que se deixou flagelar para que a Verdade de que se fizera portador não ficasse confundida com a astúcia e a mentira, mas encastelada em luz divina para se derramar sublime pelos tempos afora, banhando de harmonia todos os corações.

PIEGUISMO
(M.q.) Pieguice; Característica ou condição de piegas; sentimentalismo excessivo.

CALHAUS
Pedaço, fragmento de rocha dura.

FIELMENTE 44

"O bem e mal que fazemos decorrem das qualidades que possuímos. Não fazer o bem quando podemos é, portanto, o resultado de uma imperfeição. Se toda imperfeição é fonte de sofrimento, o Espírito deve sofrer não somente pelo mal que fez como pelo bem que deixou de fazer na vida terrestre."
C.I. 1ª parte, Cap. VII – Código penal da vida futura – Item 6.

Cônscio das lutas reservadas aos fiéis trabalhadores da sementeira evangélica, Jesus foi definitivo: "No mundo – disse Ele – tereis aflições".

Comparava o Senhor a caminhada cristã ao ingente trabalho sobre a gleba humilde e boa, para a aquisição do pão.

Aqueles que desejassem serenidade antes da sementeira e bênção antes do merecimento, certamente veriam com desencanto a terra cobrir-se de cardo e urze, perdendo o tempo e a oportunidade. E, se repousam prematuramente, reservam ingentes lutas para a própria subsistência no futuro.

No entanto, cientificados da necessidade de laborar, se se dispusessem a aprofundar sulcos, vergastando abismos para que os grãos atingissem a madre interna do solo, sofreriam o acúleo, a tormenta, a canícula e o cansaço, banhando-se de suor, mas de olhos fitos no chão coberto de vegetação e nos dedos do arvoredo, amparados pelos frutos.

Não se revoltariam por lutar nem se deixariam abater se a terra lhes negasse as primeiras dádivas na colheita.

Pelo tirocínio, o homem sabe que, plantando, a produção advirá se os requisitos necessários forem observados e o trabalho for desenvolvido dentro das injunções tecnológicas.

É compreensível, portanto, o não haver lugar no mundo dos negócios nem dos prazeres para os lídimos cristãos. Não têm eles a pretensão de receber enflorescência antes da sementeira,

INGENTE
Muito grande, enorme, desmedido.

CARDO
Nome dado a algumas espécies de plantas da fam. das compostas (esp. dos gên. Carduus e Cirsium), de folhas espinhentas ou ásperas.

URZE
Nome comum a várias plantas da fam. das ericáceas, esp. as do gên. Erica, de flores campanuladas, coloridas e pêndulas, muitas são cultivadas como ornamentais.

ACÚLEO
O que incentiva, estimula; acicate, incitação, provocação.

CANÍCULA
(Por ext.) Calor muito forte.

TIROCÍNIO
Primeiro ensino; aprendizado; prática, exercício preliminar indispensável ao desempenho de determinada profissão; experiência.

nem se podem candidatar à colheita enquanto a terra coberta de urze se consome na inutilidade. Sabem que o tempo desperdiçado na inoperância é abuso da fortuna do Senhor e é roubo à atividade da vida.

Por essa razão, sofrem.

Quanto mais se deixam absorver pela luta fastidiosa, sob o Sol causticante, mas se lhes acentuam as rugas da dor, mais se aprofundam as feridas das mãos, mais se avoluma o cansaço sobre as costas. Porque o trabalhador fiel não se detém a reclamar nem a exigir: ele sabe que há tempo para semear como há tempo para colher.

Espíritas! Serviço cristão é sofrimento, porta de serviço para a renovação de si mesmo, estrada longa a percorrer sítios difíceis de transpor!

Náufragos não têm condições de escolher batéis salva-vidas; presidiários não podem escolher sítios para a liberdade; déspotas, no ofício da reparação, não dispõem de credenciais para as tarefas a executar.

A tua é a acre-doce luta da transformação interior.

Muitas vezes, o vinagre da ingratidão ser-te-á o tônico de reconforto sob a canícula solar.

A mão espalmada do *"vingador"* sobre ti representará a cobrança da dívida adiada, que não podes reclamar; o desprezo, em forma de escárnio, traduzirá o apelo-convite à humanidade que não pode ser desconsiderada.

E a solidão, originária nas vergastadas e no abandono, conduzir-te-á à trilha por onde chegarás ao porto da Espiritualidade maior.

Ninguém guarde, por enquanto, coroas brilhantes para a cabeça, nem se iluda com os ouropéis mentirosos que enganam o tempo.

Tapetes estendidos para os teus pés podem esconder abismos, como muitas pinturas brilhantes disfarçam manchas e escabrosidades...

INOPERÂNCIA
Que não opera, que não tem efeito; ineficaz.

FASTIDIOSO
Que causa fastio; enfadonho, maçante.

BATEL
A maior das embarcações miúdas que serviam aos navios antigos, ger. naus e galeões.

DÉSPOTA
Que ou quem exerce autoridade arbitrária ou absoluta (diz-se de governante); tirano.

ACRE-DOCE
(M.q.) Agridoce. Que é acre e doce ao mesmo tempo; acidulce, agridulce, agro-doce.

ESPALMADA
Diz-se de mão aberta e estendida para alcançar ou conseguir algo.

ESCÁRNIO
Aquilo que é objeto de desdém, ironia ou sarcasmo.

VERGASTADA
Qualquer golpe que lembre uma chicotada.

Tua tarefa é de sublimação interior no dia a dia. Para quem sabe discernir, cada dia guarda uma lição; cada lição é mensagem de experiência; cada experiência significa aprendizado; cada aprendizado representa bênção e cada bênção traduz oportunidade evolutiva.

Aproveita, assim, as ensanchas que te surgem mesmo com as suas carregadas tintas e aprende a silenciar a ofensa, a desculpar o ultraje, a esquecer a malquerença, pontificando no bem infatigável sob chuvas de granizo ou vapores terrificantes de calor. Não pretendas melhor dádiva do que aquela com que foi aquinhoado o Mestre a quem serves, que, vendido, açoitado, escarnecido e plantado numa cruz, ainda foi constrangido pela dúvida de Tomé, companheiro desatento que estava ausente...

E, se duvidam de ti – bendize ao Senhor; se zombam de ti – confia no Senhor; se te abandonam – busca o Senhor que recebeu por companheiros, à hora extrema, dois criminosos que a penalogia atual, embora não os levasse à cruz, daria a cela úmida e imunda do presídio a fim de cerceá-los do convívio social em nome da ética e dos direitos legais da sociedade.

ENSANCHA
Oportunidade, ensejo.

PENALOGIA
Forma a evitar, por penologia. Penologia: estudo das punições e medidas de prevenção de crimes.

DINAMISMO PARA A PAZ 45

"O bem e o mal são praticados pela função do livre-arbítrio, e, conseguintemente, sem que o Espírito seja fatalmente impelido para um ou outro sentido. Persistindo no mal, sofrerá as consequências por tanto tempo quanto durar a persistência, do mesmo modo que, dando um passo para o bem, sente imediatamente benéficos efeitos."

C.I. 1ª parte, Cap. VII – Item 20.

Dificuldades, todos enfrentamos pela rota evolutiva. Aflições, todos experimentamos no exercício da sublimação.

Ansiedades, todos agasalhamos na execução do programa de libertação íntima.

No entanto, porque acidentes da estrada ocultem a meta de destino, não significa isso o desaparecimento do objetivo a alcançar. Nem porque a noite em se assenhoreando da abóbada celeste espalhe sombras, deixa de recamar-se o firmamento com astros que fulguram, confirmando o Sol presente...

Faz-se necessário que a luta árdua seja contínua, para que se comprove a excelência do lidador.

E nesse particular o estudante do Evangelho não tem motivos para estranheza.

Renascido sob o sinete de débitos passados, é constrangido à recuperação na senda da ação enobrecedora, não conseguindo evadir-se da cela do compromisso sem os danos da fuga pela porta da irresponsabilidade.

Estigmatizado interiormente pela aflição punitiva a que faz jus como corretivo adequado, não encontra lugar de repouso nem sítio de paz, senão entre as urzes da tarefa renovadora e os calhaus dos deveres.

Aferrvorado, porém, ao ideal e vitalizado pelo Evangelho, alimenta-se de esperança para, apaziguado, prosseguir sem deserção.

ABÓBADA CELESTE
(M.q.) Céu.

RECAMAR
Colocar adorno em; enfeitar, ornamentar.

SINETE
(Fig.) Sinal, marca.

ESTIGMATIZADO
Marcado, rotulado negativamente; moralmente condenado; acusado.

CALHAU
Pedra dura e solta de diferentes tamanhos.

APAZIGUAR
Pôr(-se) em paz; pacificar(-se), aquietar(-se), acalmar(-se).

DESERÇÃO
Fuga, desistência, abandono de lugar que se frequentava por compromisso ou afinidade.

Convidado a doar, todos esperam que te does integralmente.

Instado a amar, todos aguardam que teu amor se individualize em relação a cada um sem que te esqueças de ninguém, esquecido, no entanto, de ti mesmo.

Levado a ajudar, todos esperam que teus braços sejam sempre como conchas de socorro sem tempo de ajudar-te, consoante os padrões da vida que todos pedem viver.

Sucede, desse modo, que o cristão verdadeiro carrega o Cristo para todos e, ao conduzi-lO, renova-se e vive naturalmente.

Mas não se pertence.

Não se permite prêmios.

Doando-se, não se pode prender; amando, não aguarda amor e ajudando, não lhe é lícito predileção no tipo de auxílio a distender.

Torna-se o irmão de todos, faz-se compreensão para todos.

É uma gota de paz no oceano dos conflitos.

Não esmorece, pois que, possuindo a paz de espírito, é mordomo de tesouros que o capacitam ao sacrifício e à redenção.

A fim de que a paz do Cristo te afaste os obstáculos, as aflições e os anseios, faze um programa de manutenção e assistência, facilitando-lhe a continuidade nos recônditos do ser.

Disciplina o tempo e estuda a Doutrina dos Espíritos na qual haures equilíbrio; seleciona pensamentos, vitalizando apenas os que edificam, para os amadureceres pela meditação, a fim de que se corporifiquem como benfeitores; visita dores maiores do que as tuas com alguma frequência; acompanha um féretro, ao lado dos que experimentam a ausência do ser querido, para te lembrares da própria desencarnação, que logo mais advirá; descarrega a tensão nervosa num trabalho físico com regularidade; distribui algo pessoal para treinares o desapego às coisas que ficam na retaguarda e ora, com assiduidade, a fim de que as ondas da inspiração superior visitem tua casa mental e lubrifiquem peças e implementos do aparelho elétrico do sistema nervoso que te serve de sustentáculo.

FÉRETRO
(Por ext.) Caixa ger. oblonga, de madeira, em que se enterram os mortos.

Liberta-te do ciúme – chaga atroz.
Aniquila a dúvida – sombra perturbadora.
Expulsa a suspeita – adversária cruel.
Dissolve a preguiça – entorpecente maldito.
Anula a cólera – fâmulo criminoso.
Combate a malícia – tóxico aniquilante.
Dá o teu esforço para que recebas o reforço necessário.
Não há oferendas sem base de mérito relativo nos arraiais da evolução.

A corrente elétrica se produz se o dínamo gerar energia, e a aparelhagem funciona se ajustada à ciclagem por onde corre a potencialidade energética.

Tendo no Cristo o dínamo potente a gerar corrente incessantemente, ajusta-te ao Seu diagrama de serviço para que brilhem e se movimentem em ti a paz e a felicidade de que careces, e vencerás dificuldades, aflições, ansiedades, vivendo uma vida harmoniosa numa ascensão perfeita e libertadora.

CÓLERA
Sentimento de violenta oposição contra o que molesta ou prejudica; ira.

FÂMULO
Que ou que presta serviços; criado, empregado.

DÍNAMO
Máquina que transforma energia dinâmica em elétrica; gerador; (fig.) aquilo que impulsiona, que gera o progresso.

NEGOCIAÇÕES COM DESENCARNADOS 46

"A proibição de Moisés era assaz justa, porque a evocação dos mortos não se originava nos sentimentos de respeito, afeição ou piedade para com eles, sendo antes um recurso para adivinhações, tal como nos augúrios e preságios explorados pelo charlatanismo e pela superstição. Essas práticas, ao que parece, também eram objeto de negócio, e Moisés, por mais que fizesse, não conseguiu desentranhá-las dos costumes populares."

C.I. 1ª parte, Cap. XI – Item 4.

Contam que Periandro, o tirano de Corinto, depois da desencarnação de Melisses, sua esposa, mandou evocar-lhe o Espírito, através de famoso médium de Dodona, no Epiro, a fim de informar-se quanto ao local em que fora enterrado um tesouro e cujo segredo levara para o túmulo. O Espírito, no entanto, recusou-se a divulgar a informação sob alegação de que o marido esquecera de prestar-lhe algumas homenagens póstumas. Ciente da queixa da "sombra", mandou Periandro que se fizessem as cerimônias, após o que, o Espírito deu os pormenores solicitados...

Desde a mais remota antiguidade, as *sombras dos mortos* eram convocadas ao comércio com os homens em nefandas mancomunações, alongando e mantendo no Além-túmulo os vínculos com as paixões turbulentas e mesquinhas que os caracterizavam, com resultados quase sempre decepcionantes...

Em todos os povos as oferendas aos desencarnados eram feitas através de evocações burlescas e selvagens, nas quais se pretendia intercâmbio rendoso e imediato. Tais práticas, apesar de degradantes, alongaram-se pelos séculos e, ainda hoje, não são poucos aqueles que supõem encontrar nas modernas sessões mediúnicas do Espiritismo cristão as possibilidades de negociar com os desencarnados em propostas ridículas, vazadas nos mais eloquentes despropósitos...

Médiuns há que sintonizam com Espíritos de todo quilate.

NEFANDO
De que não se deve falar, por ser digno de aversão; abominável, execrável, infando.

MANCOMUNAÇÃO
Ação ou efeito de mancomunar(-se); conluio, combinação, mancomunagem.

BURLESCO
Grotesco, caricato, ridículo.

> **ABJETO**
> Que ou o que é desprezível, baixo, ignóbil.

> **NUANCE**
> Diferença sutil entre coisas, mais ou menos similares, postas em contraste; matiz, sutileza.

> **REPONTAR**
> Começar a aparecer novamente.

Espíritos há que se comprazem em intercâmbio com médiuns possuidores dos mais abjetos sentimentos.

O Mundo espiritual é residência fixa dos viajantes do mundo corporal...

Cá e lá as condições de vida se assemelham, as circunstâncias morais têm as mesmas nuances...

Não há por que estranhar repontem em todo lugar as informações apaixonadas deste ou daquele negocista das especiarias mediúnicas, relatando descobertas *valiosas*, doando possibilidades de *vida fácil* e sem esforço, deslumbrados pelo que os Espíritos dizem e se propõem fazer...

Os desencarnados, embora considerados *mortos*, vivem, e mesmo os menos esclarecidos podem informar, esclarecer, falar do passado, pensar, homens que foram, Espíritos que são, com preferências, com aspirações...

Tens, porém, a Doutrina Espírita para teu consolo e roteiro. Não te mente para agradar, não te engana para conquistar.

Consola-te e recomenda cuidado com o erro e o crime.

Guia-te e liberta-te das paixões.

> **TRÊFEGO**
> Hábil para ludibriar; astuto, esperto, sagaz, manhoso, trefo.

Diante do sofrimento, não alude à dor com evasivas, utilizando o desculpismo de tão bom paladar para os trêfegos.

Mas te fala dos erros de ontem que hoje resgatas, e, quando separado de a quem amas por este ou aquele motivo, não te acena vãs promessas e loucas esperanças, esclarecendo que o óbice de agora é lição para o futuro, preconizando fraternidade e amor em moldes elevados e libertadores.

> **ÓBICE**
> Aquilo que obsta, impede; empecilho, estorvo.

Não te enganes, nem enganes ninguém.

O Espiritismo é como a luz – não enseja equívocos.

Prometido por Jesus e por Ele próprio denominado *Consolador*, o Espiritismo ajuda o Espírito a ascender, embora seja através da cruz de provações que outra não foi, senão aquela mesma que o Mestre conduziu ao Calvário, e na qual ensinou libertação e felicidade perene à Humanidade, milênios afora, em sublime negociação de amor sem-fim.

O MUNDO E TU   47

"No mundo dos Espíritos há compensações para todas as virtudes, mas há também penalidades para todas as faltas, e, destas, as que escaparam às leis dos homens são infalivelmente atingidas pelas leis de Deus."
C.I. 2ª parte, Cap. VI – Item 19.
(Comentários – O Espírito de Castelnaudary).

Os olhos umedecem quando meditas, considerando as pequenas migalhas que te exornam a existência, como minguadas concessões que consegues desfrutar.

Deslizam, ao teu lado, sobre as águas cantantes do rio do prazer, as barcaças da ilusão apinhadas de aficionados.

Parecem felizes, competindo com a luz formosa, adereçados de encantamentos, num festival de radiosa febrilidade de alegria. Gostarias de ser como eles.

Alguns passam céleres pela tua porta em veículos modernos – de extravagante arrogância, com petulante desdém, espraiando o triunfo pessoal que os empolga. Desejarias fruir, como eles, algumas horas de sonhos.

Muitos desfilam, vaidosos, e repousam em tronos de alegria e beleza, imperando vitoriosos, embriagados de poder. Anelarias experimentar as emoções que os amolentam.

Conheces da experiência carnal somente dificuldades.

O pão te chega à mesa a preço de amargo suor.

Carpes incompreensão em poço de indescritível soledade.

Consegues o mínimo com esforço inaudito.

A alegria é hóspede desconhecido do teu coração.

Nenhuma extravagância, nenhum excesso.

As horas dividem-se entre deveres e deveres.

Parece-te que a Lei da Divina Justiça te tributa pesado imposto pela honra da vida.

EXORNAR
Pôr ornamento em; adornar, enfeitar, ornar.

BARCAÇA
Barca grande.

APINHADO
(Fig.) Repleto, coberto de (algo); cheio, abarrotado.

AFICIONADO
Que ou o que é afeiçoado, entusiasta, simpatizante.

FEBRILIDADE
Euforia exagerada, febril; estado febril.

PETULANTE
Que ou aquele que se atreve, que ousa; atrevido, insolente.

AMOLENTAR
Tornar(-se) um tanto mole; amolecer; tornar brando; enternecer, comover.

CARPIR
(Por ext.) Expressar tristeza; lamentar, prantear.

> **COXIM**
> Tipo de almofada us. como assento.

Assinalas nos outros o que eles exibem e que lhes não pertence.

Não creias em felicidade a manifestar-se ruidosa.

Não confundas triunfo com algazarra.

Muitos vencedores foram assassinados após as vitórias, enquanto repousavam em coxins suaves.

Escravos de si mesmos e escravos de outros escravos que os dominam às ocultas, têm sede de liberdade e vida simples, esses que te exibem sorrisos profissionais de falsa alegria.

Pensas que eles tudo têm, mas em verdade não se têm sequer a si próprios. Não conseguem desvencilhar-se do cipoal a que se enovelaram, nem conseguem sobreviver sem o tóxico que os aniquila vigorosamente.

> **AMARFANHADO**
> Que se amarfanhou; vincado ou com dobras por ter sido comprimido; amarrotado.

Choram sem lágrimas, pois que estas secaram pelos caminhos que percorrem na terrível busca desse *nada*.

Sofrem e não encontram ouvidos que os escutem.

Aqueles que os cercam, quase sempre desejam roubar-lhes o lugar para envergar as suas amarfanhadas fantasias. Embora os aplausos, os sorrisos e os *amigos*, vivem sozinhos...

> **NOBILITANTE**
> Que nobilita; capaz de nobilitar; que dá foros de nobreza.

És livre, porém, apesar dos elos da cadeia dos deveres nobilitantes.

Ama apesar de não receberes retribuição.

Ajuda mesmo sem a consideração dos socorridos.

Estende os tecidos da esperança embora não te identifiquem os beneficiados.

> **DIMANAR**
> Correr serenamente; fluir.
>
> **AUTOCÍDIO**
> (M.q.) Suicídio.

Podes fruir a paz que dimana da prece e a harmonia que se derrama da fé.

Possuis felicidade sem mesclas de crime nem bases de enganos.

Não invejes os que se estão atirando ao autocídio inconsciente.

Pensa nesses triunfadores enganados com simpatia e cordialidade.

Exulta por te encontrares em pleno caminho de redenção espiritual, expungindo enquanto outros se infelicitam, libertando-te ao tempo em que outros se enclausuram.

E se puderes partir os elos mesquinhos da autocompaixão infundada e desnecessária, bendize o que tens, a vida que experimentas e a fé cristã-espírita que te ilumina interiormente, conseguindo sobrepor os ideais incorruptíveis da imortalidade aos jogos vis e escravocratas do mundo.

Muito oportuno recordares o ensino de Jesus: "No mundo tereis aflições"... mas os que porfiarem fiéis até o fim herdarão a glória excelsa.

EXULTAR
Experimentar e exprimir grande alegria, grande júbilo.

EXPUNGIR
Fazer desaparecer (uma escrita) para pôr outra em seu lugar; apagar, delir, eliminar.

PORFIAR
Manter-se firme (em ponto de vista, propósito); obstinar-se.

ANTE A SEARA ESPÍRITA 48

"O Espiritismo, partindo das próprias palavras do Cristo, como este partiu das de Moisés, é consequência direta da Sua doutrina."
G. Cap. I – Item 30.

No campo espírita há lugar para todas as modalidades de labor que se possam imaginar, para quem deseja atingir a paz com felicidade plena.

A grande aspiração dos primeiros seguidores do Cristianismo nascente agora se repete entre os adeptos do Espiritismo – o Cristianismo reinante.

O espírita mantém vida pública em inalterável atuação produtiva.

Não tem horas reservadas para o auxílio – ajuda sempre.

Não usa o tempo em contemplação paralisante – age sem cansaço.

Não transforma a oração em petição de autobeneficiamento – faz da prece meio de comunicação com o Senhor.

Não confia, demorando-se em atitude morna e inoperante de espera inútil – utiliza os valores do tempo e conquista mérito.

Não relega aos anjos tutelares as tarefas que lhe competem – crê no auxílio do Céu, mas trabalha nos deveres da Terra.

Não permuta com o Pai os valores do mundo em negociações ilícitas – reconhece-se como devedor permanente do Grande Criador e dá-Lhe a vida inteira.

O espírita, repetimos, estuda e aprende.

Em círculos de estudos, realiza a cultura e, aprendendo, ilumina a mente.

Ama e engrandece-se pelo trabalho.

ERIGIR
Construir, levantar; criar, fundar, instituir.

EXÓRDIO
O início de um discurso; preâmbulo, prólogo, proêmio.

CADENTE
Que tem ou apresenta cadência ('ritmo'); cadenciado, ritmado.

ALQUEBRADO
Que se apresenta abatido, cansado, prostrado.

Na seara do bem, desenvolve e santifica o sentimento.

Respeita, no mundo, o Grande Lar que o Genitor Divino erigiu.

E enobrece pela conduta reta o humilde lar que edifica para a felicidade da família.

Difunde a Suprema Misericórdia em exórdios candentes e apaixonados.

E realiza discursos de amor em atos de misericórdia para com os infelizes.

Acata as diretrizes das Leis Cármicas com que a vida o corrige e educa.

E usa o perdão como medicamento valioso para quantos o ferem na existência física.

Cumpre o dever da prece em conjunto, no Templo de edificações coletivas.

E ora em segredo no silêncio da mente quando realiza, sofre ou é feliz.

Presta culto de sublimação à Sapiente Causa.

E descobre em todos os anciãos a figura do pai alquebrado, necessitando de braços que os amparem.

O Céu é o porto ansiosamente sonhado.

E a Terra é a escola de bênçãos preparatórias.

Sabe que a fé, a demorar-se em êxtase, é improdutiva, porque tem em Jesus o Mestre da ação incansável.

Dedica-te, assim, se buscas o campo espírita para a realização do autoaprimoramento, porquanto a felicidade prometida pelo Amigo Inconfundível não é daquele que a *assalta*, mas de quem sabe agir, permanecer e confiar nela.

FÉ E CONDUTA

49

"Pelo Espiritismo, o homem sabe donde vem, para onde vai, por que está na Terra, por que sofre temporariamente e vê por toda parte a Justiça de Deus.
G. Cap. I – Item 30

Vive o cristão moderno na catedral *forense* da fé à semelhança de nobres expositores em inoperância, discursando para ouvintes impassíveis.

Apontam deficiências, apresentam sugestões, impõem diretrizes, sem resolverem o problema da multidão que os contempla em modorra silenciosa.

Não ajudam positivamente. Não se melhoram, embora as respeitáveis afirmações da referência pessoal.

Quando silenciam e demandam a via pública, conduzem valiosos conceitos de bolso e alma vazia.

Alguns, ligados às diretrizes de Roma, procuram apenas observar fórmulas exteriores, complicando a Promessa Divina em liturgias aparatosas que imprimem respeito às aparências desvaliosas.

Outros, comprometidos com as igrejas nascidas na Reforma, expõem a *letra morta da Lei*, transformando-se em juízes severos, contando consciências salvas, dividindo as criaturas e organizando estatutos de conduta para o próximo em expressivos discursos teológicos, dominados, muitas vezes, por ódios de grupos que se digladiam.

E outros mais se irmanam aos compromissos espiritistas, experimentando a mensagem da Lei infatigável no corpo da existência física. Mesmo assim, repetem os equívocos dos apa-

IMPASSÍVEL
Que não experimenta ou não denota exteriormente nenhuma emoção, sentimento ou perturbação; imperturbável.

MODORRA
(Por ext.) Grande desânimo ou prostração; apatia, indolência.

LITURGIA
O conjunto dos elementos e práticas do culto religioso (missa, orações, cerimônias, sacramentos, objetos de culto etc.) instituídos por uma Igreja ou seita religiosa.

APARATOSO
Que exibe grande riqueza; faustoso, suntuoso, aparativo.

DIGLADIAR
Combater, lutar; argumentar ou discutir calorosamente.

ratosos irmãos romanos e apresentam verbetes onde fulguram luminosos conceitos de fé.

Quando, porém, todos despirem a túnica da carne e demandarem o Supremo Tribunal, o Grande Juiz os fitará com a decepção estampada na face, e, precípites, os desconcertados *crentes* passarão às justificativas a que se habituaram enquanto no caminho.

O filho de Roma dir-se-á ludibriado pela tradição religiosa, transferindo a responsabilidade dos seus insucessos espirituais aos mentores que o norteavam.

O discípulo da Reforma fará citações oportunas, recordando que a fé salva, mas sem justificação para a ausência de anotações de trabalho na ficha de serviço fraterno.

Mais lamentável deverá ser a situação do discípulo de Allan Kardec, que conheceu por experiência pessoal a expressão nobre da fé que descortinou. Não terá justificativa, porque sabe que fé é norma de conduta.

Fé é enflorescimento – conduta é fruto.

De mãos vazias, todos estarão aguardando a resposta no Grande Tribunal.

Aos primeiros, o Grande Magistrado concederá o ensejo de reaprender, retornando à escola da carne pelo caminho do sofrimento...

Aos segundos, o Chefe Supremo oferecerá a oportunidade nova de serviço na gleba feliz do mundo, tendo a mente tarda e ágeis as mãos.

Mas aos servidores negligentes, conhecedores da sabedoria da Lei Divina, o Patriarca Celeste sentenciará:

"Tenho piedade de vós! Retornareis ao ilhéu da matéria no oceano da dor... Não somente para servir, mas também para meditar e aprender. Ali o tempo caminhará convosco, trabalhando em vosso coração a mensagem viva do dever."

Tal será o resultado do julgamento quando os pregoeiros da palavra e da crença, na grande catedral *forense* da fé, retornarem à ribalta do mundo para a sublimação dos ideais, no carreiro da Caridade.

Mergulha, desse modo, o pensamento no estudo e na prática do Espiritismo, assenhoreando-te do conhecimento para identificares os móveis dos sofrimentos atuais, corrigindo arestas morais e construindo em volta dos próprios passos uma senda de luz, por onde possam avançar outros pés, no rumo da libertação plena.

> RIBALTA
> (Meto.) O teatro, o palco teatral.

LUTA E LIBERTAÇÃO 50

"A vossa visão se detinha no túmulo, nós vos desvendamos, para lá deste, um esplêndido horizonte. Não sabíeis por que sofreis na Terra; agora, no sofrimento, vedes a Justiça de Deus."

G. Cap. I – Item 62.

Estás empenhado numa grande luta.

Conflito sem quartel a espraiar-se indomável.

Avalanches aflitivas que surgem, soterrando esperanças.

Batalhas encarniçadas que aparecem, dizimando corações.

Ninguém está em paz total.

Se, por um lado, as mentes se alçam às culminâncias da técnica, construindo os admiráveis instrumentos da pesquisa, construção e transporte, por outro lado, as diferenças morais e econômicas proporcionam as quedas desastrosas do sentimento.

E apesar das facilidades modernas, enxameiam misérias indescritíveis.

Com tanta luz projetada nos caminhos da razão, as trevas se demoram densas e ameaçadoras...

Das tormentas, porém, advêm as alvíssaras da tranquilidade.

A luta é, indubitavelmente, uma imposição evolutiva.

Mantém-se o corpo através do conflito celular.

Voeja a borboleta com a dilaceração da lagarta. Sustenta-se a árvore com a decomposição dos tecidos que a adubam.

Comprometido com a retaguarda espiritual, o homem de hoje, como o de ontem, recupera os patrimônios da vida com que se comprometeu em arremetidas da loucura.

Trazendo à atualidade o Evangelho de Nosso Senhor Jesus Cristo, a Doutrina Espírita ensina mudança de rumo para o pensamento e realização edificante para o sentimento.

ESPRAIAR
Espalhar(-se) em todas as direções.

ENCARNIÇADO
Que se trava com furor; inflamado, aceso.

ENXAMEAR
(Por. ex.) Existir ou andar em grande número; pulular, fervilhar, formigar.

ALVÍSSARAS
Recompensa oferecida a quem traz boas-novas; gratificação dada a quem acha e entrega algo perdido.

VOEJAR
Bater as asas energicamente; avoejar, esvoaçar, esvoejar, volatear.

> **CERNE**
> (Fig.) Parte central ou essencial de; âmago, centro, íntimo.

> **GUANTE**
> (Fig.) Autoridade despótica, implacável; mão de ferro.

Objetivando a construção da felicidade no cerne das criaturas, oferece a instrumentação do esclarecimento e dos fatos, convocando as forças atuantes de cada um para a batalha real da libertação total.

Não somente luta externa pelo poder que não felicita.

Nem luta interna sob o guante das seduções degeneradoras.

Extinção do mal interno angustiante e vigoroso – eis o objetivo essencial.

Libertação de todo gozo fácil e breve, para a realização do gozo pleno e total.

Repetindo a sentença do Mestre, que "não veio destruir a Lei, mas dar-lhe cumprimento", asseveram os Espíritos da Luz que o Espiritismo "não vem destruir a lei cristã, mas dar-lhe execução."

Resolve-te, pois, quanto antes e sem demora, ao empreendimento da autolibertação, e não te faltarão os recursos para a vitória imperiosa e inadiável sobre ti mesmo, nas grandes lutas do momento em que a espécie humana se encontra para a sublime ascensão.

EM PAZ 51

"Desimpedida a visão espiritual das belidas que a obscureciam, eles o verão de todo lugar onde se achem, mesmo da Terra, porquanto Deus está em toda parte."
G. – Cap. II – Item 34.

Porque depares a dissipação e o vício nas diversas esquinas do caminho, não consideres a estância terrestre como um pardieiro onde o crime se agasalha.

Porque a enfermidade seja uma constante na caminhada humana, não creias que a Terra seja um hospital de infelizes experimentando tormentos inomináveis.

Porque a solidão te ofereça agasalho vigoroso, não permitas o *aniquilamento* do instinto gregário que a todos impele para a vida em comunidade.

Porque problemas de vária ordem te amesquinhem, abrutalhando os sentimentos que trabalhavas para a sublimação interior, não penses que a dor é operária impiedosa e invencível a soldo da divina inclemência.

Porque a loucura faz caça ao prazer, não justifiques a delinquência pessoal, acumpliciando-te cada vez mais com os verdugos da própria serenidade.

Porque dourados tetos acobertam a intrujice e o crime, como se a vitória do poder fosse áulico dos desonestos, não os invejes, revoltado ante as duras penas que expunges...

Há muitos cristãos e espíritas que, embora as lides doutrinárias a que se ligam, perseguem os lauréis do engano com infatigável destemor.

Dizem acreditar na imortalidade do Espírito, mas agem às tontas, às cegas.

ESTÂNCIA
Lugar onde se está ou permanece, ger. de férias, em tratamento de saúde etc.

PARDIEIRO
Prédio velho e/ou arruinado.

GREGÁRIO
Relativo a grei; diz-se de animal que faz parte de uma grei, de um rebanho; que gosta de ter a companhia de outras pessoas; sociável.

INTRUJICE
Ato de intrujar; logro, burla, trapaça.

ÁULICO
Peculiar a, próprio de corte ou cortesão.

Informam acatar a diretriz evangélica, no entanto, vivem distanciados dos nímios postulados da honestidade e do equilíbrio.

Afirmam a excelência da fé a que se irmanam, todavia, conduzem as atitudes em sentido oposto aos roteiros que pretendem testemunhar.

Esclarecem o valor da pureza e lecionam solidariedade e amor, entretanto, utilizam-se dos ardis que os maus movimentam e pensam sempre em si, criando e mantendo círculos estreitos de amizade.

Acatam as instruções dos Espíritos e se emocionam com as narrativas da Erraticidade, conquanto prefiram o "hoje" e nesse "hoje" somente o "agora", tendo em vista o "amanhã" nas mesmas bases do "hoje".

Explica-se que as circunstâncias da vida moderna são os fatores causais da desordem moral e social que estruge vitoriosa em toda parte. Convém, porém, recordar que Jesus, nascendo na *hora* e no *dia* de Augusto e vivendo no reinado de espoliamentos morais e econômicos de Tibério, edificou uma Humanidade em bases superiores, imolando ao ideal do amor a própria vida.

Depois de doutorar-se em Medicina, em Londres, com todas as láureas em todas as disciplinas, e defender com brilhantismo invulgar a cátedra que lecionou por apenas um ano, Vivekananda descobriu que perdera o contato com Deus...

Abandonou tudo: glórias, honras, posição, grandeza e retornou à pátria para reencontrar-se, reencontrar Deus.

Logo chegou, foi visitar o seu velho preceptor espiritual. Às primeiras palavras, o mestre ordenou-lhe silêncio, com um gesto típico, apontando-lhe humilde assento e o deixando em quietação.

Decorridas algumas horas, este, por sua vez, sentou-se-lhe ao lado e o inquiriu bondosamente.

– "Desejava reencontrar Deus" – respondeu-lhe o discípulo emocionado, após minudenciar as conquistas e buscas, as lutas e triunfos, a grande frustração espiritual.

Mergulhando em meditação demorada, o *guru* quedou-se para, depois, dirigir-lhe ossudo dedo entre a quarta e quinta costela, na direção do coração, como a dizer-lhe que ali, no mundo, ele O encontraria...

Apaga, no mergulho da prece e da meditação, em ensimesmamentos espirituais, as chamas da inquietude e faze bastante silêncio no espírito aturdido.

Examina em profundidade o que desejas realmente, como o pretendes, para quanto tempo o queres.

Depois busca a renovação na fé viva e avança pelos rumos difíceis.

Nada te empanará o brilho do entusiasmo, nenhuma sombra te perturbará.

Os maus não te farão mal, os doentes não te contaminarão, os infelizes não te inquietarão.

Brilhará a tua luz em toda parte se te ligares a Jesus, o Dínamo Sublime, e estarás tranquilo mesmo quando soe a hora do despertamento consciencial com a chegada da desencarnação, porquanto com Deus, em paz, sentirás, em paz, Deus contigo.

QUEDAR
Estar quedo, quieto; deter-se, ficar ou demorar-se em um lugar, parar.

ENSIMESMAR
Voltar-se para dentro de si mesmo; concentrar-se, recolher-se.

EMPANAR
(Fig.) Tirar ou perder o brilho; conspurcar(-se), deslustrar(-se), macular(-se).

APARELHADO

52

"Tendo o homem que progredir, os males a que se acha exposto são um estimulante para o exercício de sua inteligência, de todas as suas faculdades físicas e morais, incitando-o a procurar os meios de evitá-los. Se ele nada houvesse de temer, nenhuma necessidade o induziria a procurar o melhor; o Espírito se lhe entorpeceria na inatividade; nada inventaria, nem descobriria. A dor é o aguilhão que o impele para a frente, na senda do progresso."

G. Cap. III – Item 5.

Nas atividades diárias ocultas, numa discreta e aparente tranquilidade, o vulcão voraz estruge e arde interiormente, aniquilando-te com lento e seguro vigor.

Cessada a labuta, no silêncio que se faz natural e que deverias reservar à prece e à meditação, dás largas ao desespero, alimentando fantasmas e duendes adversários da paz.

Rebelas-te e te arrojas às furnas hediondas do medo, caindo inerte nos braços da ira.

Os dias são consumidos pela ansiedade de logo passarem, como se desejasses competir com a marcha equilibrada do tempo, a fim de acabar tudo, consumir-se para esquecer...

Não ignoras que ninguém consegue esquecer a responsabilidade e sabes que sofrimento é resgate.

Valorizas os problemas afligentes e os vitalizas com a contribuição de forças vivas que os corporificam nas províncias da mente conturbada.

Exclamas que tens dificuldades inumeráveis e que tudo parece conspirar contra os teus desejos.

Mal te apercebes que aquilo que gostarias de possuir e quanto anelas fruir, poderia representar uma soma de cruéis suplícios e amarguras cujo travo desconheces.

Cultivas pessimismo e naturalmente recolhes miasmas pestilenciais.

ARROJAR
Atirar-se (a algo) com precipitação, sem considerar as consequências.

FURNA
Cavidade profunda na encosta de uma rocha, floresta etc.; caverna, gruta, cova; (por ext.) Lugar isolado, escondido, escuro.

HEDIONDO
Que apresenta deformidade; que causa horror; repulsivo, horrível.

MIASMA
Vapor ou emanação malcheirosa, exalada por matéria orgânica em decomposição.

PESTILENCIAL
Pestilento, que corrompe ou degrada.

ACÚLEO
Emergência epidérmica dura e pontiaguda (como as encontradas na roseira), que se pode destacar com facilidade, sem produzir lesão acentuada no vegetal, o que a distingue do espinho.

ERGÁSTULO
(Por ext.) Cárcere, prisão, calabouço.

DENODADO
Cheio de denodo; corajoso, atrevido, valente.

REDOMA
Espécie de campânula de vidro us. para proteger certos objetos.

NEVROSE
(M.q.) Neurose; conjunto de problemas de origem psíquica que conservam a referência à realidade, ligam-se a situações circunscritas e geram perturbações sensoriais, motoras, emocionais e/ou vegetativas.

ELUCUBRAR
(M.q.) Lucubrar; especular longa e exageradamente sobre algo.

RINCÃO
Lugar afastado, longínquo; recanto.

TELEDINÂMICO
Que transmite energia a longa distância.

ENTOMOLOGISTA
Especialista em entomologia; insectologista, insetologista.

Uma visão educada para descobrir espinhos, num roseiral apenas encontra acúleos.

Sai, no entanto, do ergástulo do Eu e visita a paisagem... Há homens e mulheres mutilados e disformes, limitados e sem movimentos, enfermos e atrofiados, bendizendo a vida e sorrindo... Inundam-se de sol, clareiam-se com a esperança, glorificam a vida.

Observa-os lutando para conseguirem o mínimo que na tua organização celular é abundância. O que lhes falta, é fartura no teu corpo. O que não têm, sobra-te.

Não te invejam, não te reclamam.

Lutam, sofrem, empreendem a viagem do esforço contínuo, denodados, tentando vitória sobre as deficiências.

Aparelhado como te encontras e enriquecido pela dádiva de um corpo harmônico, mutilas-te, deformas-te, limitas-te, emparedas-te na redoma de injustificável rebeldia...

Arrasta-te, vencido, tentando refletir uma serenidade que preferes não gozar, inquieto, em nevrose...

A viciação mental exala fluidos tão destruidores como o são os gases letais.

O homem é o que elucubra e prefere nos rincões da mente, pelo que pensa.

Pensamento – atitude.

Vibram em todas as direções as ondas mentais através dos fluidos teledinâmicos. Vampirismos e obsessões interligam encarnados e desencarnados, através de princípios semelhantes aos da indução magnética, favorecendo processos de parasitose psíquica, que geram delinquências multiformes...

Manifestando sua sabedoria, o Excelso Pai a todos aparelhou na Criação, para que se realizem na Terra os misteres da evolução.

Os entomologistas, após milhares de observações cuidadosas, apresentam a cada instante o testemunho eloquente da sábia Legislação Divina.

Os insetos, por exemplo, respiram através de tubos. Mesmo que os seus corpos aumentem de volume, os tubos não crescem na mesma proporção. Graças a isso, o seu tamanho é limitado.

As abelhas, que têm merecido especiais estudos, dão lições de equipe, harmonia e disciplina a muitos homens civilizados.

Entre os peixes, o salmão, à época da desova, abandona as águas onde se encontra e volta ao rio em que nasceu, viajando contra a corrente, pelo lado do afluente que lhe serviu de berço e aí procria...

As enguias sempre retornam às Bermudas para a procriação, após o que, morrem... seus descendentes, no entanto, aparentemente desprovidos de meios, voltam às mesmas águas donde emigraram seus ancestrais e habitam mares, lagos, rios nos diversos pontos da Terra sem se extraviarem.

Refaze o teu caminho e recobra o alento.

Bendize o sofrimento. Ele é, por enquanto, o escoadouro dos teus débitos. Assemelha-se a dreno incômodo mas salvador, sem o qual perecerias...

A Humanidade se tem levantado graças às renúncias e sacrifícios dos sofredores.

O Cristianismo, entoando a melodia da vitória incorruptível da vida, sustenta seus alicerces no martirológio... E a mensagem espírita que agora te fala sobre a imortalidade e a honra de sofrer vencendo a dor, é apresentada pelos que viveram na Terra, aqui sofreram, lutaram, pagando à vida física o seu tributo, e hoje, livres, valorizam no seu legítimo significado a função do sofrimento em que forjaram a paz e a harmonia que agora desfrutam.

EMIGRAR
Mudar periodicamente de região (certos animais).

ALENTO
Estado de ânimo, de coragem, de entusiasmo.

ESCOADOURO
Cano, vala, conduto para dar saída a líquidos, dejetos etc.

DRENO
Vala, fosso ou tubo para drenagem.

MARTIROLÓGIO
Lista dos mártires da Igreja católica, ordenada pelas datas em que esses mártires são celebrados.

AMBIÇÕES 53

"Sabe-se agora que muitos Espíritos desencarnados têm por missão velar pelos encarnados, dos quais se constituem protetores e guias; que os envolvem nos seus eflúvios fluídicos; que o homem age muitas vezes de modo inconsciente, sob a ação desses eflúvios."

G. Cap. III – Item 14.

Cogitações de longo alcance vibram nas redes da tua mente, desdobrando planos complexos, tendo em vista resultados financeiros favoráveis e vultosos.

Para alcançares a meta das ambições que fulguram nas províncias íntimas, manipulas pessoas como máquinas, cuidando de todos, objetivando apenas o próprio "eu".

Programas revolucionários que concedem somas fantásticas requerem toda a força da astúcia e penetram o labirinto das aspirações com desmedida avidez, atropelando aqueles que se opõem, dificultando o seu avanço.

Assessorado por sicários desencarnados que te espreitam, vingadores, nada vês senão o que ambicionas, nada queres senão o que colimas nos sonhos que a realidade vai consumir.

A riqueza te parece uma das mais importantes metas e te afervoras em adquiri-la sejam quais forem os meios.

Com ela, supões, poderás ajudar, ampliando o serviço de auxílio aos que deambulam sofredores e inertes nos braços da miséria e da aflição.

Mente clarificada enriquece-te de valores que desprezas por outros valores.

Se parares a meditar, aprofundando as razões do teu renascimento, concluirás que paixão idêntica te consumiu ontem, quando resvalaste através das fissuras morais que a imprevidência abriu, asfixiando e malogrando a experiência carnal...

VULTOSO
Volumoso, muito grande, considerável.

AVIDEZ
Desejo inflamado, intenso.

DEAMBULAR
Andar à toa; vaguear, passear.

RESVALAR
Cair por um declive; escorregar, deslizar.

> **ASPÉRRIMO**
> Muito áspero; asperíssimo.
>
> **REINCIDIR**
> Repetir certo ato, tornar a fazer uma mesma coisa, recair em.
>
> **ANTANHO**
> Em épocas passadas; outrora.

Providencialmente renasceste em lar humilde, convocado a rudes lutas para que as batalhas aspérrimas te felicitassem com forças morais o caráter.

A saúde que te visita as células é concessão para que possas, fortalecido, resgatar, evoluir, edificar.

Além de mil favores com que foste afortunado desde o berço, alguns dos quais em forma de limitação e dificuldade, outros como inteligência e equilíbrio psíquico, recebeste o tesouro espírita de que te assenhoreaste, como providência salvadora, em face da possibilidade de reincidires na mesma loucura de antanho.

Para, portanto, enquanto não te perturbas ante compromissos mais graves.

Retorna ao ponto de partida com as mãos vazias, é certo, mas de consciência tranquila.

Ambição desmedida é portal para a loucura.

Olha em derredor: tudo convida ao equilíbrio, ao respeito à Lei.

O ar de que careces e que te não falta.

> **LINFA**
> A água, esp. a límpida.

A linfa imprescindível e que canta junto às tuas necessidades.

O pão generoso e insubstituível que se multiplica farto no solo.

A paisagem em festa para os teus olhos cansados.

Estendem-se as bênçãos do Nosso Pai ao verme do subsolo e às constelações, em toda a parte.

O relógio da criação da vida na Terra assinala para os homens somente alguns minutos transcorridos em relação ao turbilhão inicial das construções geológicas e das primeiras formas...

> **ESTUGAR**
> Caminhar rapidamente, aumentando as passadas.
>
> **DEGENERESCENTE**
> Em que ocorre degenerescência.

Não te apresses pelo corredor da irresponsabilidade que leva à autodestruição. Estuga o passo na aduana e refaz o caminho...

Conhecimento espírita pode ser comparado a anticorpo excepcional para o *vírus* da ambição degenerescente.

Ensinamento espírita é também vigor para o equilíbrio manter-se sereno, embora as vicissitudes.

Nunca estarás a sós nas tuas lutas de sublimação.

Na certeza de que prosseguirás depois da morte com os valores a que te afervores, considera a mensagem espírita e cristã da prudência e do amor, e não te deixes aniquilar pelos tormentos de agora, pois que, além das portas do horto de amarguras em que te encontras, frondes protetoras aguardam por ti e caminhos amenos esperam teus pés andarilhos na busca sublime da paz, à semelhança d'Aquele que tudo cedeu para tudo possuir.

SUBLIMAÇÃO
Ação de exaltar, engrandecer; exaltação, enaltecimento.

FRONDE
Conjunto de folhas (e ramos) de uma árvore.

EXULTANTE 54

"Uma vez estabelecidas relações com os habitantes do Mundo espiritual, possível se tornou ao homem seguir a alma em sua marcha ascendente, em suas migrações, em suas transformações."

G. Cap. IV – Item 16.

Consoante as lições do Espiritismo, que te aclaram as razões antes ignoradas da aflição e da angústia, respeita, na provação, o clima de luz necessário à própria felicidade.

Há quem diga que a convicção imortalista nada tem a ver com abnegação ou dignidade moral. É aquele que faz da Revelação Espiritista um ingrediente para uso em horas determinadas, sem outras consequências.

Há quem explique que a religião, assentada necessariamente numa fé racional, não tem algo a ver com a conduta em sociedade. É aquele que vive aparentemente filiado à fé religiosa, usufruindo os benefícios consequentes da corrupção dos fracos, sem se renovar ulteriormente.

Há quem pretenda seja a religiosidade um primitivismo emocional, herança dos velhos *feitiços* que somente aos incultos e débeis constitui motivação espiritual. É aquele que apregoa crer em Deus por conclusões resultantes da pesquisa científica e aceita a vida extrafísica, prosseguindo amoral, quando não mais seguramente reprochável na conduta particular ou na vida social.

Há quem diga que o princípio espiritual é capítulo da Metafísica e que nenhuma prova existe da imortalidade. É aquele que se supõe conhecedor de tudo.

Uns pretendem iludir-se e conseguem-no facilmente – os opiômanos ante a informação espiritual.

ULTERIORMENTE
Em seguida, depois; mais tarde, numa época ulterior.

REPROCHÁVEL
Que é digno de reproche; de censura.

OPIÔMANO
Que ou quem apresenta opiomania (vício de ingerir ou fumar ópio); opiomaníaco. ÓPIO: Aquilo que serve de paliativo ou que provoca adormecimento, embrutecimento moral.

Outros disputam fantasias e enfeitam-se de tranquilidade – são narcisistas religiosos.

Os demais exibem superação da ignorância, tentando livrar-se das atividades que o *crer* impõe, e desgarram-se – são ególatras arreligiosos.

Conheces, porém, por experiência íntima intransferível – por mais vigorosas sejam as tessituras aparentes da argumentação em contrário – o rumo da sublimação através das linhas evangélicas a transudarem dos tempos, convocando-te o Espírito, na Doutrina Espírita, para a luta enobrecedora sobre ti mesmo.

A mediunidade abriu portas antes fechadas para o teu Espírito, apontando-te horizontes felizes.

Em cada experiência, novos fantasmas do passado culposo *recorporificam-se* famanazes e truculentos.

Enflorescem em teu íntimo as plantas da ilusão que não conseguiste destruir.

Refazem-se painéis de angústia e falsas necessidades nos dédalos da mente sem que logres vitória fácil.

Reacendem paixões que ferem como acúleos cruéis que te maceram, sem libertação integral, malgrado a luta que travas.

Só a fé que te vitaliza, graças ao Espiritismo, oferece força e alento para uma religiosidade atuante, salvadora.

Com ela amparas a dor, compreendes a vida, acendes esperanças, consolas aflições, espalhas amor.

Amparado por ela, na balbúrdia faze-te silencioso, na loucura revelas-te sereno, na angústia permaneces tranquilo, na revolta apresentas-te pacífico.

Não te amedrontes nem te sintas diminuído no campo em que operas.

O míssil balístico que carrega morte num invólucro brilhante veste-se com linhas aerodinâmicas.

A vacina salvadora surge da cultura microbiana perigosa.

A usina potente sustenta-se em bases rochosas ocultas.

A vida orgânica é patrimônio do protoplasma.

NARCISISTA
Que ou quem é muito voltado para si mesmo, esp. para a própria imagem; que ou quem se narcisa.

DESGARRAR
Apartar(-se) do rumo; desviar(-se), extraviar(-se).

EGÓLATRA
Pessoa que cultua o próprio eu, que pratica a egolatria.

ARRELIGIOSO
Que não tem espírito religioso ou é indiferente a qualquer religião.

TESSITURA
Modo como estão interligadas as partes de um todo; organização, contextura.

TRANSUDAR
Manifestar-se claramente; transparecer, revelar-se.

DÉDALO
Emaranhado de caminhos; labirinto.

MALGRADO
Apesar de, não obstante.

INVÓLUCRO
Aquilo que serve ou é us. para envolver, cobrir; envoltório, envolucro, cobertura, revestimento, involutório.

PROTOPLASMA
Substância primordial dos organismos vivos, capaz de sentir e reagir a estímulos.

Produze com segurança e faze-o com alegria.

Dá a tua contribuição à felicidade geral com a flama da tua devoção e da tua fé.

Obtempera que, incompreendido, Jesus se deixou arrastar, flagiciado, até o madeiro de imolação para ensinar-nos, valoroso, que os hipnotizados na ilusão, os ludibriados no equilíbrio e os enlouquecidos em si mesmos, embora vencedores aparentes, são vencidos que se reconhecem sob o estigma da aflição que os infelicita...

Porfia, pois, exultante, e não recalcitres, nem titubeies.

OBTEMPERAR
Argumentar com humildade e moderação; ponderar.

FLAGICIADO
Que suporta flagício, tortura; flagelado.

MADEIRO
(M.q.) Cruz.

IMOLAÇÃO
Ato de sacrificar-se; renúncia, abnegação.

RECALCITRAR
Revoltar-se contra algo ou alguém; retorquir, desobedecer.

TITUBEAR
Cambalear; não conseguir se manter em pé.

NO RUMO DA LUZ

55

"Progredir é condição normal dos seres espirituais e a perfeição relativa ao fim que lhes cumpre alcançar."

G. Cap. XI – Item 9.

Mágoa injustificada nubla a face da tua alegria. Agasalhando-a, concedes tempo precioso à argumentação íntima desnecessária que te gasta em combate inútil.

Reclamas, porque companheiros levianos usaram do teu nome, fazendo-te coautor de infâmias, ou porque, infelizes, referem-se maldosamente às tuas expressões, envenenando teus melhores conceitos, culminando por coroarem de espinhos os teus mais alentados sonhos.

Sofres, porque desejas esclarecer, pretendendo silenciar a boca da calúnia com o esparadrapo da inocência.

Consideras que as informações depreciadoras te prejudicam o trabalho, tanto quanto a difamação pode corporificar-se em "verdades aceitas".

O desânimo sulca a gleba onde aras, habilmente instilado pela tua invigilância.

Reserva-te, porém, cuidados especiais.

Acautela-te, não em relação ao que digam, ao que pensem, ao que creiam os que te cercam, mas em referência a ti mesmo.

As agressões de fora não atingem realmente a quem busca a verdade e a ela se afervora, vivendo-a, quanto possível, nas províncias do mundo interior.

Não te justifiques, nem procures esclarecer.

INSTILAR
(Fig.) Fazer penetrar ou penetrar progressivamente (uma ideia, um sentimento) no espírito de alguém; insinuar(-se), insuflar(-se).

A verdade dispensa explicações. Simples, é persuasiva, cativando aqueles que a sintonizam.

Policia as palavras e confia na lição do tempo que fará se defrontem as informações e os fatos, ensejando panoramas legítimos.

Tem em mente que segues no rumo da luz e que nada te poderá deter. Elegeste a Vida verdadeira!

Uma grande mazela para o Espírito é a impaciência.

O tempo, na Terra, é companheiro infatigável do qual ninguém foge, nem se consegue furtar. Inexoravelmente ele gasta o granito, reverdece o deserto e doa aridez ao solo fértil.

"O tempo é a sucessão das coisas."[3]

Tudo modifica sem pressa nem agitação.

Todas as pessoas que, por esta ou aquela razão, destacam-se neste ou naquele mister são rigorosamente fiscalizadas, tornando-se do domínio público.

Criam *escola* sem o desejarem; fazem-se *modelo* sem pensarem; ficam atormentadas sem o perceberem.

Se realizam para um ideal superior, não têm tempo para as questiúnculas – incidentes inevitáveis de fácil superação –, seguem em frente, para além.

QUESTIÚNCULA
Questão menor, de pouca monta.

Se, todavia, laboram para si mesmas, empenhadas na divulgação do nome e da obra, perdem-se nas cercanias da estrada e desajustam-se, feridas por suscetibilidades e bagatelas ridículas.

INDENE
Que não sofreu perda, dano; livre de prejuízo.

Ninguém fica indene, quando trabalha, à maledicência e à astúcia dos ociosos.

OCIOSO
Que ou aquele que não faz nada ou que faz as coisas sem vontade; preguiçoso, mandrião, vadio.

Todos lhes sofrem a perseguição gratuita nascida nas fontes do despeito e da aflição invejosa que os macera.

Age, portanto, fervoroso e confiante.

MACERAR
Sentir angústia, afligir(-se).

---

3. *A Gênese* – Cap. VI – Item 2 (nota da autora espiritual).

Os que te amam compreenderão sempre os teus atos: não esperam de ti mais do que és, mais do que tens, mais do que podes dar. Choram com as tuas lágrimas, sorriem com as tuas alegrias, ajudam-te sempre na dificuldade ou no triunfo.

Os que te detestam fazem-se mais adversos quer os esclareças ou não. Utilizando um argumento justo, crerão que és vivaz; aplicando uma evasiva, te chamarão hipócrita; sacrificado, dirão que te exibes nas roupas da falsa humildade; tranquilo, zombarão, nomeando-te como explorador irresponsável.

Intentar mudar a face das coisas a golpes de precipitação seria como pretender avançar no futuro, anulando a sabedoria que os minutos assinalam.

INTENTAR
Esforçar-se por; diligenciar, tentar.

Produze preocupado com o objetivo de fazer o melhor ao teu alcance, e, na certeza de que agradar a todos é positivamente ambição descabida, não pretendas realizá-la.

Retornando aos sítios queridos de Cafarnaum, depois de realizar os mais sublimes labores e sucessos junto aos corações humanos em desalinho, o Mestre foi inquirido ardilosamente por aqueles que desejavam "surpreendê-lO nalguma palavra", para terem meios de O aniquilar.

– É lícito pagar o tributo a César, ou não?

Jesus, porém, conhecendo a sua malícia, disse:

– Por que me experimentais, hipócritas? Mostrai-me a moeda do tributo.

E eles Lhe apresentaram um dinheiro.

– De quem é esta efígie e esta inscrição? – indagou o Senhor.

EFÍGIE
Representação plástica da imagem de um personagem real ou simbólico (esp. em vulto ou relevo).

– De César – responderam.

– Dai, pois, a César – retrucou o Rabi – o que é de César, e a Deus o que é de Deus.[4]

---

4. Mateus 22 – 17 a 21 (nota da autora espiritual).

RUTILAR
Fazer brilhar ou brilhar vivamente; fulgurar, resplandecer.

INSOFISMÁVEL
Não sofismável; que não se pode deturpar usando sofismas; indiscutível, irrefutável, incontestável.

AUSPÍCIO
Proteção, favor, recomendação.

Sem retoque no ensino que há vinte séculos rutila como advertência insofismável, dá a tua quota de amor, abnegação e trabalho a Deus, na seara onde hoje serves sob os auspícios do Espiritismo e demora-te sereno, porquanto os aficionados de César terão sempre meios para te perturbarem, desejosos de dificultarem tuas aspirações superiores com o Pai.

OTIMISMO 56

"Cada Espírito é sempre o mesmo eu antes, durante e depois da encarnação, sendo esta, apenas, uma fase de sua existência."

G. – Cap. XI – Item 22

Desalentado, deixas-te envolver pelos vapores perigosos do pessimismo, como se a mensagem da vida valiosa em toda parte tivesse calado sua voz.

Como te encontras, enfermarás indubitavelmente.

Nos redutos sombrios proliferam mais abundantemente aracnídeos e vermes perigosos.

Pessimismo é mortalha característica para quem se compraz nas trevas da ignorância da vida.

Antolho limita a visão, impossibilitando o conhecimento e a bênção da paisagem.

É preciso combater a depressão que se origina nas fibras dilaceradas da amargura, madre onde se desenvolvem muitos males.

O pessimista contamina aqueles com quem vive e empedernece os sentimentos, demorando-se indiferente a tudo.

Deprecia e combate as aspirações alheias e as alheias realizações.

Ególatra, imobiliza-se, e, circunscrito ao que pensa, quase sempre erradamente, espalha os miasmas que o vencem, disseminando dor e suspeita.

Se te encontras no pórtico sombrio da inquietação, sob a ameaça do descrédito, para a meditar na grandeza do Pai Criador.

Segundo alguns concepcionistas modernos, se se retirassem da Terra os espaços vazios de que se constitui, esta ficaria

DESALENTADO
Que ou quem se mostra sem ânimo, sem vontade de agir; desanimado, desencorajado; desesperançado; que ou quem perdeu o alento; esfalfado, extenuado.

MORTALHA
Pano ou vestimenta com que se envolve o cadáver de pessoa que será sepultada.

ANTOLHO
Peças de couro ou outro material opaco que, colocadas ao lado dos olhos de certos animais, ger. de tração, reduzem a sua visão lateral, evitando que se espantem; tapa; qualquer proteção ocular para luz muito intensa.

EMPEDERNECER
(M.q.) Empedernir; (mtf.) tornar(-se) insensível, duro; desumanizar(-se).

reduzida a uma esfera com apenas oitocentos metros de raio! E se a mesma operação fosse feita num homem que pesasse setenta quilos, este ficaria reduzido a uma partícula invisível a olho nu, pesando, porém, setenta quilos!...

Os fisiologistas calculam que, para o *milagre* da digestão, o estômago dispõe de aproximadamente trinta e cinco milhões de glândulas!...

Os embriologistas esclarecem que "se se pudessem reunir todos os genes como os cromossomos que os seguem e que deram origem à população do Globo" – cerca de três bilhões de pessoas – "num só vasilhame, estes não encheriam um dedal dos que se utilizam os costureiros! Merece, no entanto, considerar que em cada um desses genes ultramicroscópicos se encontra o *caráter moral*, a hereditariedade, as *linhas da personalidade*, a estrutura óssea, a massa orgânica," aparência e todos os sinais que identificarão o ser adulto, mais tarde, por estarem impulsionados pelo Espírito imortal, embora saibamos que não é exatamente assim...[5]

Os astrônomos informam que, no Universo imenso, o nosso Sistema Solar é humilde e desconsiderado cortejo de astros. E citam Alfa de Hércules, que se fosse colocada no lugar do nosso Sol, conseguiria com o seu volume engolfar o Astro-rei, Mercúrio, Vênus, Terra e ultrapassar a órbita de Marte!...

Os entomologistas creem que há no Orbe terrestre aproximadamente 700.000 espécies de insetos, já devidamente classificadas!...

Tudo nos fala uma excelente linguagem: vida estuante!

---

5. "O desenvolvimento orgânico está sempre em relação com o desenvolvimento do princípio intelectual. O organismo se completa à medida que se multiplicam as faculdades da alma. A escala orgânica acompanha, constantemente, em todos os seres a progressão da inteligência, desde o pólipo até o homem; e não podia ser de outro modo, pois que a alma precisa de um instrumento apropriado à importância das funções que lhe competia desempenhar". G. Cap. VII – Item 7 (nota da autora espiritual).

Uma alegria radiosa invade o pensamento de quem procura *ver* e busca *entender*.

Em todas as coisas há um apelo veemente ao espírito humano no que diz respeito ao otimismo.

> VEEMENTE
> Em que se coloca ânimo, energia, vigor; enérgico, forte, vigoroso.

Revelam-se os panoramas da Natureza inundada de luz, de atividade, vestidos do amor. Harmonias extasiam!

Faz-se necessário romper as amarras do cepticismo e da tristeza para avançar.

Otimismo é também confiança e respeito a Deus, nosso Excelso Pai.

Na Obra com que a Divindade nos enseja longos voos para o pensamento, a linguagem da força do bem vencedor vibra sem interrupção.

Não confines tuas aspirações aos primeiros insucessos, nem te limites aos fracassos iniciais.

Segue mais além, em novas tentativas, considerando que nenhum triunfo precede ao labor, e se tal acontecesse, não seria um louro de vitória legítima, mas uma concessão de glória indébita.

No labor a que te afervoras, esfacela a rotina das tuas tarefas e dá da tua própria pessoa entusiasmo e alegria aos teus quefazeres.

> QUEFAZER
> Qualquer empreitada, tarefa a ser cumprida, compromisso, ocupação; afazer.

Recondiciona conceitos e situações às realidades do momento em que vives, dilata os recursos da ação edificante e, otimista, opera. Se temeres por não concluir o serviço, recorda a lição da vida e deixa-te conduzir pela certeza de que o teu dever é este: fazer a tua parte, e os resultados no amanhã a Deus pertencem como direito d'Ele.

ANTE O SEXO E O AMOR 57

"À medida que progride moralmente, o Espírito se desmaterializa, isto é, depura-se, com o subtrair-se à influência da matéria; sua vida se espiritualiza, suas faculdades e percepções se ampliam; sua felicidade se torna proporcional ao progresso realizado. Entretanto, como atua em virtude do seu livre-arbítrio, pode ele, por negligência ou má vontade, retardar o seu avanço; prolonga, conseguintemente, a duração de suas encarnações materiais, que, então, se lhe tornam uma punição, pois que, por falta sua, ele permanece nas categorias inferiores, obrigado a recomeçar a mesma tarefa. Depende, pois, do Espírito abreviar, pelo trabalho de depreciação executado sobre si mesmo, a extensão do período das encarnações."

G. Cap. XI – Item 26.

Como o fogo que necessita ser disciplinado para ser útil, o sexo deve ser dirigido pelo amor a fim de preencher a sua finalidade santificante.

A chama que a fornalha retém, aproveitando-lhe o calor, quando se movimenta a esmo, alastra-se em incêndio destruidor.

O sexo, que perpetua a vida humana nos mistérios procriativos quando bem-conduzido, é o mesmo elemento que escraviza a alma quando transborda desgovernado.

Se te encontras em tormentos íntimos, açoitado pelo látego dos desejos infrenes, recorda o amor no seu roteiro disciplinante e corrige o desequilíbrio, imolando-o ao dever.

Não acredites que a emoção atendida nas fontes turbadas possa oferecer-te a tranquilidade que almejas. Amanhã, retornarás, voraz, novamente vencido. E enquanto não a submetas ao crivo rigoroso do teu comando, serás conduzido de forma impiedosa e aniquiladora.

Busca, assim, a linfa pura do amor e, sacrificando o impulso momentâneo, lava as impurezas emocionais que te maculam.

Educa o pensamento por onde veiculam os primeiros gritos da emotividade desequilibrada. Todo pensamento que se cultiva, transforma-se em ação que se aguarda.

A ESMO
Ao acaso, incerto.

LÁTEGO
Correia ou corda própria para açoitar; chicote, açoite, azorrague.

IMOLAR
Sacrificar(-se) em benefício de; renunciar.

Compreende que as exigências do desejo de agora nasceram ontem, no abuso da função sexual, quando o amor delinquiu contigo, favorecendo os excessos prejudiciais.

Enquanto te inclinas sedento sobre as largas faixas do gozo animalizante, procurando as facilidades que conduzem à lassidão e à morte, outros corações, marcados por sinais indefiníveis, arrastam os delitos do passado em alucinantes punições no presente, chorando em segredo, ao sorverem a taça de fel da correção expiatória.

Não convertas as sublimes experiências da continência sexual em favores degradantes que conduzem à loucura e ao crime.

Ausculta o coração dos favorecidos pelas concessões do impulso desgovernado e compreenderás quanto são infelizes e insaciados.

Procura sondar a própria alma em rigorosa disciplina produtiva, fiel ao roteiro do dever mantenedor da vida e, se encontrares ardência íntima, constatarás que ela prenuncia libertação consoladora que logo advirá. Por essa razão, a vitória sobre a carne não pode ser protelada com pretexto de "falta de forças". Se na condição de amo não consegues dirigir, na posição subalterna mais difícil será a tua ordenação.

Os que atravessaram os portais do Além-túmulo, vencidos pela lascívia e pelos desvios da função genésica, permanecem doentes pela emoção atormentada, transformados em párias sociais. Encontrá-los-ás no caminho das criaturas, envergando roupagens masculinas e femininas, retidos em invólucros teratogênicos, quais presidiários em cárceres estreitos e disciplinantes, em longos processos de reeducação.

Ama, portanto, embora não recebas a retribuição.

Ama o dever idealista, inspirado pelas Forças superiores, oferecendo tuas energias à produção do bem que libertará o homem de todos os males.

Desenvolve a fraternidade no coração, deixando-a espraiar-se como bênção lenificadora, consoante nos amou Jesus

---

LASSIDÃO
Estado de lasso; cansaço, fadiga; prostração de forças; astenia.

AMO
Patrão, senhor, chefe; quem dá ordens.

GENÉSICO
(M.q.) Genético ('relativo à gênese').

TERATOGÊNICO
Diz-se do que é capaz de produzir dano ao embrião ou ao feto durante a gravidez.

Cristo, corrigindo a inclinação da mente em relação àqueles com quem podes privar da intimidade, libertando o Espírito e enriquecendo os sentimentos.

Trabalha em favor dos outros, mesmo que estejas transformado em brasa viva, e vencerás a aflição, recebendo as moedas de luz qual salário em forma de serenidade.

No entanto, se apesar dos melhores esforços não conseguires a desejada paz, continuando aflito, não creias que, sorvendo a taça embriagadora, amainarás a tempestade. Logo cessando o efeito entorpecente, a sede devoradora retornará, agravando o processo liberativo.

O problema do sexo é do espírito e não do corpo, e só pelo espírito será solucionado.

Procura, antes de novos débitos, o amantíssimo coração de Nosso Pai, através da oração confiante, entregando-te a Ele, para que a Sua inefável bondade, que nos criou e dirige, nos dê o indispensável vigor de conduzir o nosso sexo em direção do amor sublime que nos proporcionará a legítima felicidade.

> AMAINAR
> Tornar(-se) sereno; abrandar(-se), acalmar(-se), diminuir.

MELANCOLIA 58

> *"Pululam em torno da Terra os maus Espíritos, em consequência da inferioridade moral de seus habitantes. A ação malfazeja desses Espíritos é parte integrante dos flagelos com que a Humanidade se vê a braços neste mundo.*
> *G. Cap. XIV – Item 45.*

Expulsa a melancolia da tua alma, essa hóspede teimosa que te envolve no dossel de mil amarguras, segredando desânimo e desassossego.

Ninguém está a sós na sua dor.

Melancolia é também enfermidade ou síndrome de obsessão...

Olhos vigilantes contemplam tua aflição; ouvidos discretos registam os apelos da tua soledade.

Há muitos que, acompanhados, caminham em indescritível solidão e há solitários que, seguindo, recebem a contribuição de acompanhantes afervorados.

Não suponhas que as lágrimas estanques em teus olhos afoguem todas as tuas esperanças, considerando que muitos olhos incapazes de filtrar o raio luminoso se apagaram, experimentando nas lágrimas o doce banho de refazimento.

Sai do casulo do "eu" e analisa as chagas expostas da Humanidade em desalinho e não te atrevas a desconsiderar a Misericórdia Divina, que coloca bálsamo nas feridas ocultas do teu coração.

Estuga o passo na desabalada jornada do desespero.

Detém o corcel das tuas aflições e faze a viagem de volta ao oásis da confiança divina.

Além de ti, na véspera ensolarada, o lírio medra esguio e solitário, embalsamando o ar para sofrer o colibri aligeirado que lhe rouba néctar e conduz o pólen que reproduz adiante!

Longe da tua dor há dores salmodiando sinfonias inarticuladas de resignação.

DOSSEL
(Fig.) Cobertura contínua.

ESTUGAR
Apressar (o passo).

DESABALADO
Movimento precipitado, descomedido; desabalada veloz, precipitado, desembestado.

MEDRAR
Crescer, desenvolver(-se), vegetar.

EMBALSAMAR
Impregnar(-se), encharcar(-se) de bálsamos ('aromas'); perfumar(-se).

COLIBRI
(M.q.) Beija-flor.

SALMODIAR
(Fig.) Cantar, recitar de modo monótono.

> **NOCTÍVAGO**
> Que ou o que tem hábitos de vida noturnos.

> **CREPE**
> (Por ext.) A escuridão, o negrume, a treva.

> **INANIÇÃO**
> Extrema debilidade ou fraqueza por falta de alimentação; estado de inane, do que está vazio.

> **BAGA**
> (Por analo.) Gota (p.ex., de orvalho, de suor).

> **SENDEIRO**
> (M.q.) Senda ('caminho').

> **EVO**
> Século; perpetuação, duração desprovida de fim (mais us. no pl.); eternidade, eviternidade.

Se não podes submeter-te ao imperioso testemunho que te vergasta, dobra-te sobre o assoalho da paciência e aguarda a madrugada do porvir.

A noite que faz dormir os seareiros operosos desperta-os vigilantes para as tarefas noctívagas.

Há esplendor em toda a parte para quem deseja descobrir tesouros nas estrelas fulgurantes no crepe noturno.

Espera mais, alenta o bom ânimo!

A característica da fraqueza é a fragilidade de forças no ponto vulnerável do sofrimento.

Rogaste, antes do mergulho carnal, a alta concessão do testemunho em soledade, em abandono, sem parentes.

Agora, lembra-te de Jesus, e em todas as tuas horas reparte da mesa rica das aflições as pequenas quotas dos teus rápidos sorrisos com aqueles cuja boca se entorpeceu na inanição e não a podem abrir para entoar melodias de alegre esperança.

Esparze a quota do teu suor, enxugando suores que não encontram sequer uma toalha gentil em mãos compassivas para lhes coletar as bagas.

Se desejas sucumbir, porém, ao peso egoísta da inflamação dos teus desencantos, doa-te ao Mártir Galileu e torna a tua vida, considerada morta, um verdadeiro sendeiro sublimante para aqueles que desejam viver e sobreviver e não possuem combustível que lhes alimente a chama da jornada carnal.

Enxuga as tuas lágrimas e busca aquele Consolador preconizado por Jesus, que viria restabelecer a Verdade na Terra, e ficaria, em Seu nome, ao lado dos homens até a consumação dos evos.

Abraçado a esse sublime consolo da Doutrina Espírita, que te amplia, além dos horizontes da vida, as perspectivas da eternidade, sonha com o teu amanhã ridente e confia no reencontro mais tarde, depois que as sombras da morte se abatam sobre tuas células cansadas e o sol glorioso da vida te aponte o céu sem-fim da felicidade.

IMPRESSÕES DE OTIMISMO 59

"(...) É de notar-se que em todas as épocas da História, às grandes crises sociais se seguiu uma era de progresso."
G. Cap. XVIII – Item 33.

Rememorando as excelentes mensagens do Evangelho, constatarás que de todos os ensinos do Senhor ressumbram sempre otimismo, alegria e esperança.

Toda a Boa-nova é um hino de louvor à vida.

Elegendo a Natureza policromada para cenário, Jesus, sob a abóbada celeste e sobre a barca levemente balançante, bordou de bênçãos Suas palavras, assinalando com vigor os conceitos de alevantamento moral e coragem.

Diante de enfermos e oprimidos, fez-se saúde e bálsamo; ante a alacridade infantil, abriu os braços e agasalhou os pequeninos; aos lamentos dos pecadores, respondeu com as dádivas da compreensão; defrontando o moço afortunado, acenou-lhe com eterna herança; perante a falsa justiça dos poderosos da Terra, sentenciou pelo exemplo da serenidade.

E assim o Evangelho é a mais profunda e perfeita afirmação de alegria e paz que se conhece.

Não te deixes acabrunhar, nem entristecer, em momento algum da vida.

Acabrunhamento é sentença fatal, e tristeza é *sombra* na sombra do problema.

Retempera o ânimo no ardor da luta e renova o entusiasmo.

O ferro, para resistir à umidade, suporta altas temperaturas, e o diamante espera milhões de anos, sob incalculável pressão, para formar-se.

POLICROMADO
Que tem várias cores.

ALACRIDADE
Grande alegria, animação intensa; vivacidade, jovialidade.

ACABRUNHAR
Causar acabrunhamento, abatimento a; apoquentar(-se), prostrar(-se).

Recupera a coragem na forja das transformações que a vida diária te impõe, mas, acima de todas as circunstâncias, vitaliza a alegria.

Quem serve e sofre com destemor, sem os reflexos deprimentes estampados na face, produz mais e realiza com melhores resultados.

Alegria é saúde.

Não se faz preciso que o teu júbilo provoque algaravia nem que a tua satisfação espalhe balbúrdia.

A alegria pura contamina os que estão em volta. Semelha-se à saúde, conseguindo projetar equilíbrio naqueles que estão ao lado.

Os modernos tratados de Higiene Mental prescrevem a descompressão moral e mental pelo espairecimento, pelos esportes, pela mudança de atividades.

Muito se tem escrito sobre as fórmulas proveitosas dos "pensamentos positivos," elaborando resultados eficientes, imediatos.

A Psicologia, ao estudar mais profundamente a psique humana, através da Psicanálise, constata que todas as impressões, conscientes ou não, arquivam-se na inconsciência, em cujos depósitos transitam, retornando à consciência, a seu tempo.

Ora, enviando-se mensagens constantes e positivas aos arquivos da mente, oportunamente estas aflorarão, realizando o mister a que se destinam.

Pouco importa que as impressões remetidas sejam acreditadas ou não. O essencial é que sejam enviadas ininterruptamente, de tal modo que consigam expulsar aquelas que criaram o clima de pessimismo em que habitas.

Já o apóstolo Paulo, na sua primeira série de Epístolas aos Tessalonicenses, no capítulo cinco e versículo dezessete, ensinava a necessidade de "orar sem cessar"...

Muitos cristãos e também espíritas procuram justificar-se, dizendo não saber orar.

ALGARAVIA
Som de muitas vozes juntas; vozerio.

Naturalmente que àqueles que consideram as coisas possíveis, possíveis estas se fazem.

Todavia, a fixação da possibilidade obedece ao mesmo mecanismo de registro, que o tempo consegue dominar com ou sem aceitação consciente disso.

Dize diariamente e muitas vezes: "Sou feliz, lutarei, pois, contra as minhas imperfeições, consoante os ditames cristãos".

Criarás um hábito, empolgar-te-ás com ele, conseguirás a prática das virtudes evangélicas, a princípio por automatismo psicológico, depois por entusiasmo racional.

Começa a considerar todas as pessoas como bondosas e amigas; refere-te às suas qualidades superiores, mínimas que sejam, sem azedume, e descobrirás, surpreso, em breve, que todos são realmente bons nos seus valores afirmativos...

Também te impregnarás de bondade e cantarás, sem que o percebas, a mesma alegria do Senhor e dos Seus discípulos, começando novos tempos para a própria vida na Terra, sereno e realmente ditoso.

ANTE O NATAL

60

"625. Qual o tipo mais perfeito que Deus tem oferecido ao homem, para lhe servir de guia e modelo?"
"Jesus".

L.E.

Considerando a alta significação do Natal em tua vida, podes ouvir e atender os apelos dos pequeninos esquecidos no grabato da orfandade ou relegados às palhas da miséria, em memória de Jesus quando menino; consegues compreender as dificuldades dos que caminham pela via da amargura, experimentando opróbrio e humilhação e dás-lhes a mão em gesto de solidariedade humana, recordando Jesus nos constantes testemunhos; abres os braços em socorro aos enfermos, estendendo-lhes o medicamento salutar ou o penso balsamizante, desejando diminuir a intensidade da dor, evocando Jesus entre os doentes que O buscam, infelizes; ofereces entendimento aos que malograram moralmente e se escondem nos recantos do desprezo social, procurando-os para os levantar, reverenciando Jesus, que jamais se furtou à misericórdia para os que foram colhidos nas malhas da criminalidade, muitas vezes sob o jugo de obsessões cruéis; preparas a mesa, decoras o lar, inundas a família de alegria e cercas os amigos de mimos e carinho pensando em Jesus, o Excelente Amigo de todos...

Tudo isto é Natal, sem dúvida, como mensagem festiva que derrama bênçãos de consolo e amparo, espalhando na Terra as promessas de um mundo melhor, nos padrões estabelecidos por Jesus através das linhas mestras do amor.

GRABATO
Leito pequeno e miserável; catre.

OPRÓBRIO
Grande desonra pública; degradação social; ignomínia, vergonha, vexame.

SALUTAR
Benéfico para a conservação ou recuperação da saúde.

PENSO
Curativo; conjunto dos medicamentos e objetos acessórios aplicados sobre uma ferida.

FURTAR
Deixar de fazer ou cumprir; fugir à responsabilidade.

MALHA
Conjunto de pessoas ou serviços inter-relacionados de uma área ou região; rede.

Há, todavia, muitos outros corações junto aos quais deverias celebrar o Natal, firmando novos propósitos em homenagem a Jesus.

Companheiros que te dilaceraram a honra e se afastaram; amigos que se voltaram contra a tua afeição e se fizeram adversários; conhecidos caprichosos que exigiram alto tributo de amizade e avinagraram tuas alegrias; irmãos na fé que mudaram o conceito a teu respeito e atiraram espinhos por onde segues; colaboradores do teu ideal, que sem motivo se levantaram contra teu devotamento, criando dissensão e rebeldia ao teu lado; inimigos de ontem que se demoram inimigos hoje; difamadores que sempre constituíram dura provação. Todos eles são oportunidade para a celebração do Natal pelo seu sentimento cristão e espírita.

Esquece os males que te fizeram e pede-lhes te perdoem as dificuldades que certamente também lhes impuseste.

Dirige-lhes um cartão colorido para esmaecer o negrume da aversão que os manteve em silêncio e a distância, nos quais, talvez, inconscientemente te comprazes.

Provavelmente alguns até gostariam de reatar liames... Dá-lhes esta oportunidade por amor a Jesus, que a todo instante, embora conhecendo os inimigos, amou-os sem cansaço, oferecendo-lhes ensejos de recuperação.

O Natal é dádiva do Céu à Terra, como ocasião de refazer e recomeçar.

Detém-te a contemplar as criaturas que passam apressadas. Se tiveres *olhos de ver* percebê-las-ás tristes, sucumbidas, como se carregassem pesados fardos, apesar de exibirem tecidos custosos e aparência cuidada. Explodem facilmente, transfigurando a face e deixando-se consumir pela cólera que as vence implacavelmente.

Todas desejam compreensão e amor, entendimento e perdão, sem coragem de ser quem compreenda ou ame, entenda ou perdoe.

> **LIAME**
> Tudo o que prende, une ou liga; ligação; vínculo.

Espalha uma nova claridade neste Natal, na senda por onde avanças na busca da Vida.

Engrandece-te nas pequenas doações, crescendo nos deveres que poucos se propõem executar.

Desde que já podes dar os valores amoedados e as contribuições do entendimento moral, distribui, também, as joias sublimes do perdão aos que te fizeram ou fazem sofrer.

Sentirás que Jesus, escolhendo um humílimo refúgio para viver entre os homens, semeando alegrias incomparáveis, nasce, agora, no teu coração como a informar-te que todo dia é Natal para quem O ama e deseja transformar-se em *carta viva* para anunciá-lO às criaturas desatentas e sofredoras do mundo.

Somente assim ouvirás no imo d'alma e entenderás a saudação inesquecível dos anjos, na noite excelsa:

"Glória a Deus nas alturas, paz na Terra, boa vontade para com os homens" – vivendo um perene Natal de bênçãos por amor a Jesus.

PERENE
Que é eterno, perpétuo; perenal.

Este livro foi impresso na
LIS GRÁFICA E EDITORA LTDA.
Rua Felício Antônio Alves, 370 – Bonsucesso
CEP 07175-450 – Guarulhos – SP
Fone: (11) 3382-0777 – Fax: (11) 3382-0778
lisgrafica@lisgrafica.com.br – www.lisgrafica.com.br